Pater
Anselm Grün

Die Eucharistiefeier

Vier-Türme-Verlag

Die Deutsche Bibliothek – CIP-Einheitsaufnahme
Ein Titeldatensatz für diese Publikation ist bei
Der Deutschen Bibliothek erhältlich

1. Auflage 2000
© Vier-Türme GmbH, Verlag, D-97359 Münsterschwarzach Abtei
Umschlaggestaltung, Layout und Satz:
Atelier Stefan Issig und Dirk Nitschke, Büro für Gestaltung, Kitzingen
Druck: Benedict Press, Münsterschwarzach

ISBN 3-87868-148-8

Pater
Anselm Grün

Die Eucharistiefeier
Verwandlung und Einswerden

Vier-Türme-Verlag
Münsterschwarzach

Einleitung

I. Wege zum Eucharistieverständnis

Gedächtnismahl 12
Eucharistie in der Deutung des Evangelisten Lukas 14
Die Deutung des Evangelisten Johannes 21
Eucharistie als Verwandlung 28
Eucharistie als Opfer: Einübung in die Liebe 31
Eucharistie als Mysterium: Gottes Traum vom Menschen 34
Eucharistie als Brotbrechen 36

II. Gestaltung der Eucharistiefeier

Einleitungsriten 38
Die Lesungen 44
Die Fürbitten 45
Die Gabenbereitung 47
Das Hochgebet 49
Die Kommunionfeier 52
Entlassung 59

III. Leben aus der Eucharistie

Leben aus den Worten der Eucharistie 61
Leben aus der Kommunion 62
Der Altar des Alltags 62
Eucharistiefeier und die täglichen Mahlzeiten 64
Eucharistische Anbetung 65
Erinnerungszeichen für die Eucharistie 66

Eucharistie – heiliges Schauspiel

Literatur

Einleitung

Die Eucharistie ist das Sakrament, das wir am häufigsten feiern. Der Priester feiert täglich die Eucharistie. Viele Christen gehen jeden Sonntag in die hl. Messe. Aber in den letzten Jahren ist der Gottesdienstbesuch stark zurückgegangen. Die sonntägliche Eucharistiefeier ist in eine Krise geraten. Junge Menschen klagen darüber, daß die Messe langweilig ist, daß sie immer gleich ablaufe. Sie „bringt" ihnen nichts. Erwachsene haben das Gefühl, daß da ein Ritus abgehalten wird, der mit ihnen nichts mehr zu tun hat, daß da eine Sprache gesprochen wird, die an ihrem Leben vorbeigeht. Es gibt zahlreiche Versuche, die Eucharistie abwechslungsreicher und lebendiger zu gestalten. Aber manchmal haben die Gläubigen in kreativen Pfarreien den Eindruck, daß sie sich ständig unter Leistungsdruck stellen, noch interessantere und spannendere Darstellungen der Eucharistie inszenieren zu müssen. Es geht dann mehr um die Inszenierung als um das Geheimnis dessen, was gefeiert wird.

Wenn wir nach den Ursachen fragen, warum die Eucharistie an Faszination verloren hat, so stoßen wir auf die zentrale Frage, wie wir unseren Glauben in der Zeit der Postmoderne gemeinsam zum Ausdruck bringen können. In der Eucharistiefeier verdichten sich die Probleme unserer heutigen Kirche, ja der ganzen Gesellschaft. Eucharistie ist Feier. Unsere Zeit neigt zur Gestaltlosigkeit. „Sie knabbert an vielen Formen des Feierns oder verhindert sogar das Feiern." (Rootmensen 70) Eucharistie ist Gedächtnis. In ihr werden inspirierende Geschichten der Vergangenheit erzählt. Unsere Zeit ist geschichtslos. Die Menschen wollen sich nicht an die Vergangenheit erinnern und von ihr lernen, sie möchten möglichst schnell vergessen. Alles geht nur auf das krampfhafte Erleben vom Hier und Jetzt. „Wir leben praktisch ohne Geschichte und stehen mit viel Kurzsichtigkeit und Kurzatmigkeit in der Zeit." (Rootmensen 145) Eucharistie ist die gemeinsame Feier. In der Zeit des Individualismus tun wir uns heute schwer, Gemeinschaft zu erfahren. In der Gemeinschaft der Eucharistiefeier kommen alle gruppendynamischen Schwierigkeiten in unserem Miteinander zum Tragen. Wir haben keine Lust, in die Feier der hl. Messe zu gehen, weil uns viele Menschen nicht passen, die wir dort treffen. Ein weiteres Problem ist unsere Sprachlosigkeit. In einer „Schwatzkultur", wie C. A. van Peursen unsere Kultur nennt, tun wir uns schwer, unseren Glauben in einer Sprache zu vermitteln, die die Menschen berührt. Nicht nur die Sprache der Talkshows, sondern auch die Konferenzsprache in den Firmen und die kirchliche Sprache sind letztlich eine „Sprache ohne Begegnung" (ebd. 39). Heute muß uns alles etwas bringen. Alles muß seinen Nutzen haben. Wenn wir mit dieser egoistischen Einstellung in die Eucharistie gehen, erleben wir sie als nutzlos und langweilig. Sie „bringt" uns nichts.

Die Frage ist, ob wir die Eucharistie unserer Zeit anpassen sollten und wie das gelingen könnte. Sicher braucht jedes Ritual immer auch die Reflexion und einen Wandel in der Gestaltung. Aber allein durch Kosmetik können wir die Eucharistie nicht attraktiver machen. Es geht einmal darum, Eucharistie so zu verstehen, daß sie uns wieder anspricht und fasziniert. Zum andern sind gerade die Schwierigkeiten unserer postmodernen Zeit, die sich in der Eucharistie verdichten, eine Herausforderung, gegen die Versteppung unserer Welt Oasen zu schaffen, an denen wir aus der Quelle trinken können, um uns für die Wüstenwanderung zu bereiten.

Gerade in der Sprachlosigkeit unserer Zeit ginge es darum, eine neue Sprache zu lernen, die das Herz der Menschen berührt und ihnen neue Lebensräume erschließt. In der Unfähigkeit zur Gemeinschaft ginge es darum, mitten in der Individualisierung ein neues Miteinander zu ermöglichen. Gegen die Geschichtslosigkeit müssen wir die alten Geschichten so erzählen, daß wir uns darin wiederfinden und daraus heute anders und bewußter leben können. Gegen das Vergessen wollen wir das Gedächtnis des zentralen Ereignisses unserer Geschichte feiern, Tod und Auferstehung Jesu, durch das wir an alle Leidensgeschichten unserer Welt erinnert werden. Und gegen die Gestaltlosigkeit und eine versteppende Zeit ist es wichtig, miteinander Liturgie zu feiern. „Feiernd durchbrechen wir den Zeitgeist, der nur auf unsere Digitaluhr ausgerichtet ist. Das kann uns Raum zum Leben geben und uns auf ungeahnte Oasen in dieser Zeit aufmerksam machen." (Ebd. 73) Um gegen die Tyrannei des Nutzens anzugehen, täte es uns heute gut, zweckfreie Räume zu haben, in denen es nur darum geht, unser Sein zum Ausdruck zu bringen, unser Sein als erlöste Christen. Und in einer Zeit, da das Ego so im Mittelpunkt steht, brauchen wir Orte, an denen die Herrschaft des Ego gebrochen wird und der Blick frei wird für Gott, Orte, an denen der Himmel sich öffnet und unsere Erde in ein neues Licht taucht.

Dieses Buch will den täglichen und sonntäglichen Gottesdienstbesuchern Anregungen geben, das, was sie immer wieder feiern, mit andern Augen und bewußter zu erleben, damit sich ihr Leben im Alltag dadurch wandeln kann und sie neue Lust am Leben entdecken. Wir müssen uns immer wieder vergewissern, was wir eigentlich in der Eucharistie feiern und warum wir in den Gottesdienst gehen. Sonst wird unser Tun Routine und wir können es den Kindern nicht mehr vermitteln. Wir verstecken uns dann hinter Allgemeinplätzen, hinter denen wir die eigenen Zweifel verdecken. Aber was antworten Sie, wenn Sie Ihr Kind fragt, warum Sie am Sonntag in die Eucharistiefeier gehen? Was „bringt" es Ihnen? Was feiern Sie da? Wonach sehnen Sie sich? Ich kenne viele Menschen, die eine tiefe Sehnsucht nach der Eucharistie haben. Sie können es oft gar nicht genau beschreiben, was sie in die hl. Messe treibt. Sie spüren einfach, daß sie die Feier der Eucharistie brauchen, um bewußt als Christ leben zu können. Eine Frau sagte mir, für sie sei das Wichtigste, sich im Gottesdienst vergessen zu können. Gerade in der Kommunion könne sie sich in Christus hineinfallen lassen, sich und ihre Probleme loslassen, sich in die Liebe Christi hineinbegeben und sich verlieren. Das sei für sie jedes Mal ein Augenblick absoluter Freiheit und Liebe. Da berühre sie das Geheimnis des Lebens. Das sei der dichteste Augenblick, den sie kenne. Daher drängt es sie immer wieder in die Eucharistie.

Evangelische Christen haben die Eucharistie in den letzten Jahrzehnten neu entdeckt. Die Lima-Liturgie entspricht nicht nur in ihrem Aufbau, sondern auch in ihrer Theologie dem katholischen Verständnis der Eucharistie. Während früher die evangelische Kirche vom Abendmahl sprach und die katholische Kirche von der hl. Messe, so wird heute in beiden Kirchen das gemeinsame Wort „Eucharistie" verwendet. Eucharistie heißt Danksagung. Wir danken Gott für alles, was er in Jesus Christus an uns getan hat. Dieses Buch wendet sich in gleicher Weise an katholische und evange-

lische Christen. Evangelische Christen besuchen heute ohne
Scheu die katholische Eucharistiefeier und Katholiken nehmen am evangelischen Abendmahl teil. Bevor sich die Kir-
chenleitungen über die Interkommunion einigen können,
laden die Christen der verschiedenen Konfessionen einander
ein, in der Kommunion die Einheit mit Christus in Dankbarkeit zu erfahren. Möge dieses Buch auch dazu beitragen,
daß die Eucharistie als Sakrament der Einheit immer mehr
zum Sauerteig wird, der die Christen durchdringt und miteinander verbindet.

Viele Christen leben heute in einer säkularisierten Umwelt, die kein Verständnis mehr für den christlichen Glauben, geschweige denn für die Eucharistie hat. Ich kenne
junge Menschen, die aus der areligiösen Umgebung der
neuen Bundesländer kommen. Sie ahnen, daß in der Eucharistie das Geheimnis des Christentums liege. Aber sie können es für sich selbst und für ihre nichtgläubigen Freunde
nicht erklären, was sie da eigentlich erwarten. Auch für sie
schreibe ich dieses Buch. So wie Philippus in der Apostelge-
schichte den äthiopischen Kämmerer fragt: „Verstehst du
auch, was du liest?" (Apg 8,30), so möchte ich mit allen, die
auf dem Weg sind und nach dem Ziel ihres Lebens suchen,
mitgehen und sie im Blick auf die Eucharistie fragen: „Verstehst du auch, was du feierst?" Und wie Philippus möchte
ich erklären, was wir feiern, damit die Leserin oder der Leser
wie der Äthiopier „voll Freude" (Apg 8,39) weiterziehen
kann.

I. Wege zum Eucharistieverständnis

In diesem Buch kann es nicht darum gehen, eine vollständige Theologie der Eucharistie zu entwickeln. Es sollen nur einige Bilder angeschaut werden, die uns das Geheimnis der Eucharistie erschließen wollen. Die Eucharistiefeier besteht aus dem Wortgottesdienst, in dem wir das Wort Gottes hören und es so auslegen, daß wir uns selber besser verstehen und den Sinn unseres Lebens erkennen können. Und die Eucharistie gipfelt im heiligen Mahl, in dem wir eins werden miteinander und mit Jesus Christus, der sich in den Gaben von Brot und Wein selbst zur Speise und zum Trank gibt. Jesus hat uns geboten, immer wieder dieses hl. Mahl zu feiern. Lukas überliefert uns das letzte Mahl Jesu mit seinen Jüngern so: „Er nahm Brot, sprach das Dankgebet, brach das Brot und reichte es ihnen mit den Worten: Das ist mein Leib, der für euch hingegeben wird. Tut dies zu meinem Gedächtnis! Ebenso nahm er nach dem Mahl den Kelch und sagte: Dieser Kelch ist der Neue Bund in meinem Blut, das für euch vergossen wird." (Lk 22,19f.)

Gedächtnismahl

Wenn die Israeliten ein Fest feierten, gedachten sie immer der Großtaten Gottes. Gott ist für Israel ein geschichtlicher Gott, der in der Geschichte wirkt, der Geschichte gestaltet. Seine Wundertaten sind geschichtliche Ereignisse. Das größte Fest, das Paschafest, war ein Gedenken an den Auszug Israels aus Ägypten. In diesem Auszug sah Israel das Wunder seiner Existenz. Gott hat das kleine Volk der Macht der Ägypter entzogen. Er hat es befreit von den Fronvögten, die es zu immer mehr Arbeit antrieben. Er hat es befreit aus

Abhängigkeit und Unselbständigkeit. Er hat es durch das Rote Meer und durch die Wüste hindurchgeführt in das Gelobte Land, in das Land der Freiheit und der Lebensfülle. Israel hat dieses Gedächtnis in einem Mahl gefeiert, im Paschamahl. Gott hatte dem Volk aufgetragen, jedes Jahr nach einem ganz genau geregelten Ritus das Paschamahl zu halten. „An diesem Tag erzähl deinem Sohn: Das geschieht für das, was der Herr an mir getan hat, als ich aus Ägypten auszog." (Ex 13,8) Eucharistie ist wesentlich Gedächtnis des früher Geschehenen, damit es an uns geschieht. Sie holt zurück, was heilbringend, heilig, einzigartig war. Wiederholung, so meint Alfons Kirchgässner, ist „Aufrichtung des Seins im Strom des Werdens, Bestätigung der Ewigkeit, Ausrichtung des Ziellosen, Rückkehr in die Fülle des Seins" (Kirchgässner 440).

Als Christen feiern wir die Eucharistie nicht zum Gedächtnis an das letzte Abendmahl Jesu, sondern zum Gedenken an alles, was Gott in Jesus Christus getan hat, wie er durch ihn zu den Menschen gesprochen, Kranke geheilt, Mutlose aufgerichtet, Sünder zur Umkehr gerufen und allen die Frohe Botschaft verkündet hat. Vor allem aber gedenken wir des Todes und der Auferstehung Jesu, in denen sich sein ganzes Tun und Denken gleichsam verdichtet hat. Gerade in unserer geschichts- und gedächtnislosen Zeit ist es wichtig, das Gedächtnis der Erlösung zu feiern, die in der Geschichte Jesu geschehen ist, damit sie heute an uns geschieht. Für Bernard Rootmensen äußert sich heute die Gedächtnislosigkeit in Flüchtigkeit, Alltagswahn, Vergessenheit, Rausch und im Unwichtignehmen der Vergangenheit. Der berühmte Rabbi Baal-Shem Tov sagte einmal: „Vergeßlichkeit führt in die

Verbannung, aber Gedenken ist das Geheimnis der Erlösung." (Rootmensen 147) Wir feiern in der Eucharistie nicht nur die befreiende und erhellende Geschichte Jesu, sondern in seiner Geschichte alles, was Gott in der Geschichte am Menschen gewirkt hat. Daher hören wir in der Eucharistie immer wieder die inspirierenden Geschichten aus dem Alten und Neuen Testament. Sie sind wie „eine Oase in der Wüste, in der man aufatmen kann" (ebd. 28). Wenn wir aufhören, einander die guten Geschichten der Bibel zu erzählen, würde die Welt ihre Seele verlieren.

Eucharistie in der Deutung des Evangelisten Lukas

Um zu verstehen, was wir in der Eucharistie feiern, möchte ich einen kurzen Blick ins Lukasevangelium tun. Lukas übersetzt das Tun Jesu in die Welt und in den Denkhorizont der Griechen. Die Griechen entfalteten die wichtigsten Lehren ihrer Philosophie entweder beim Wandern (die sogenannten Peripatetiker) oder beim Mahl (die Gastmähler bei Plato). Lukas übernimmt diese beiden Motive und schildert Jesus als den göttlichen Wanderer, der vom Himmel herabkommt, um mit den Menschen zu wandern. Auf dem Weg deutet er ihnen ihr Leben.

Die schönste Wandergeschichte ist die Erzählung von den Emmausjüngern. In ihr wird deutlich, wie Lukas die Eucharistie versteht. Jesus deutet den Jüngern, die aus Enttäuschung über ihre zerbrochenen Hoffnungen auf der Flucht sind, das Geheimnis ihres Lebens. Das ist ein wunderbares Bild für die Eucharistiefeier: Wir kommen in den Gottesdienst als Menschen, die oft genug auf der Flucht vor sich selbst sind, die vor den Enttäuschungen ihres Lebens davonlaufen. Da gesellt sich in den Lesungen des Wortgottesdienstes Jesus selbst uns zu und deutet uns unsere eigene Lebensgeschichte. Im Licht der Heiligen Schrift sollen wir verstehen, warum alles so geschehen ist, wie es geschehen ist, welcher Sinn dahintersteckt und wohin unser Weg geht. Damit die Worte der Bibel unser Leben erhellen, bedarf es einer Auslegung, die die Bilder der Bibel in unsere heutige Wirklichkeit hinein übersetzt. Wenn wir unser Leben verstehen, können wir angemessen damit umgehen. Wer nicht versteht, der flieht. Heute sind viele auf der Flucht vor sich selbst und vor der Wahrheit ihres Lebens. Jesus möchte uns einladen, in der Eucharistie unser Leben im Licht seiner Worte und seiner befreienden und erhellenden Geschichte neu zu sehen und zu verstehen. Eucharistie ist Umdeutung unseres Lebens aus dem Glauben an Jesus Christus.

Eine zweite Spur für das Verständnis der Eucharistie finden wir in den vielen Mahlgeschichten, die Lukas uns erzählt. Das eucharistische Mahl ist für Lukas die Fortsetzung der Mahlzeiten, die Jesus während seines Lebens mit Gerechten und Ungerechten, Sündern und Schuldlosen gehalten hat. Bei diesen Mahlzeiten hat Jesus den Menschen Gottes Güte und Menschenfreundlichkeit erfahrbar werden lassen und sie mit göttlichen Gaben beschenkt, mit Liebe und Barmherzigkeit, mit der bedingungslosen Annahme, mit der Vergebung der Sünden und mit der Heilung ihrer Krankheiten. Die Mahlzeiten Jesu mit Sündern und Gerechten sind geprägt von Freude und Dankbarkeit über Gottes heilende und befreiende Nähe. So wie die griechischen Philosophen ihre Lehren vor allem beim Gastmahl entwickelten, so beschreibt Lukas auch Jesus als den Lehrer, der die wichtigsten Gedanken seiner Botschaft bei den Mahlzeiten verkündet. In seinem Wort erinnert er uns immer wieder an den göttlichen Kern, den wir in uns haben. Unser Selbst macht mehr aus als den Teil von uns, der seine Pflichten erfüllen und seinen Alltag bewältigen muß. Wir haben eine göttliche Würde. In uns ist ein göttlicher Kern. Das Reich Gottes ist in uns. Wir selbst sind Wohnung Gottes. Darin besteht unser Wesen, das macht unsere Würde aus.

Das erste Mahl, von dem Lukas uns berichtet, ist das Mahl mit den Zöllnern und Sündern (Lk 5,27-39). Wir sind so, wie wir sind, mit all unseren Fehlern und Schwächen eingeladen zum Mahl der Liebe. Die nächsten Mahlzeiten finden im Haus eines Pharisäers statt. Jesus zeigt den Pharisäern, worum es ihm in seiner Verkündigung geht. Es geht um die Liebe Gottes, die er im Mahl den Menschen erweist, und um die Vergebung, die er uns zuspricht (Lk 7,36-50). Und er deckt den Pharisäern auf, wo sie von der Liebe Gottes abgewichen sind (Lk 11,37-54). Ein schönes Bild für die Eucharistie beschreibt Jesus im Gleichnis vom verlorenen Sohn, das er zur Begründung seiner Mahlzeiten mit den Sündern erzählt. Wir sind wie der verlorene Sohn. Wir sind uns selbst entfremdet und haben die innere Heimat verloren. Wir haben unser Vermögen verschleudert. Wir haben an uns selbst vorbeigelebt. Jetzt stillen wir unsern Hunger mit billigem Zeug. Und es geht uns immer schlechter dabei. In der Eucharistie machen wir uns auf, um in das Haus unseres Vaters zu gehen. Wir ahnen, daß wir da bekommen, was unsern Hunger wirklich stillt. Eucharistie ist das Freudenmahl, das der Vater für uns veranstaltet. Der Vater sagt auch von uns: „Mein Sohn war tot und lebt wieder; er war verloren und ist wiedergefunden worden." (Lk 15,24) Deshalb sollen wir essen und fröhlich sein. Wir waren tot, abgeschnitten von unseren Gefühlen, ausgeschlossen vom Leben. Wir haben uns selbst verloren, wir sind aus unserer Mitte gefallen. Aber in der Eucharistie finden wir wieder zu uns und werden lebendig, indem wir das Mahl des Lebens feiern. Da entdecken wir, wer wir sind und was der eigentliche Grund unseres Lebens ist: daß wir bedingungslos von Gott geliebt sind, daß Gott auf uns wartet und daß es niemals zu spät ist, aufzubrechen und in das Haus zurückzukehren, in dem wir wahrhaft zu Hause sind.

Die letzte Mahlzeit vor dem Abendmahl hält Jesus im Haus des Zöllners Zachäus. Wir kommen wie Zachäus mit unseren Minderwertigkeitskomplexen, die wir kompensieren, indem wir möglichst viel Geld und Besitz an uns raffen. Wir leiden an unserer Minderwertigkeit und sehnen uns danach, bedingungslos geliebt zu werden. Genau das dürfen wir wie Zachäus in der Eucharistie erfahren. Bei diesem Mahl spricht Jesus zweimal vom „Heute": „Ich muß heute in deinem Haus zu Gast sein." (Lk 19,5) Und: „Heute ist diesem Haus das Heil geschenkt worden." (Lk 19,9) Siebenmal kommt im Lukasevangelium dieses geheimnisvolle „Heute" vor. Es entspricht den sieben Sakramenten. In ihnen geschieht heute, was damals geschehen ist. In jeder Eucharistiefeier wird heute gegenwärtig, was damals war. Da ist Jesus unter uns und hält mit uns Mahl. Er verkündet uns sein Wort. Er heilt unsere Krankheiten. Wir kommen wie Zachäus mit unserem mangelnden Selbstwertgefühl. Wir kommen wie die Aussätzigen, die sich selbst nicht ausstehen, nicht annehmen können. Wir sind die Blinden und Lahmen mit vielen blinden Flecken und gelähmt von unserer Angst. Wir sind gekrümmt, resigniert, enttäuscht vom Leben, erdrückt von der Last des Lebens. In der Eucharistie richtet uns Jesus wieder auf. Da berührt er uns und spricht zu uns die Worte: „Heute wird Dir das Heil geschenkt, weil auch Du ein Sohn, eine Tochter Abrahams bist, weil auch Du einen göttlichen Kern hast." (Vgl. Lk 19,9)

Lukas deutet mit seinen vielen Mahlberichten, was in jeder Eucharistie geschieht. Aber auch für ihn ist die Eucharistie in erster Linie Gedächtnisfeier des letzten Mahles, das Jesus mit seinen Jüngern gehalten hat, in dem er dem Brechen des Brotes und dem Trinken aus dem Kelch einen neuen Sinn gegeben hat. Jesus hat den Ritus des Paschamahles dazu benutzt, seinen Jüngern einen neuen Ritus zu empfehlen, den sie nach seinem Tod immer wieder feiern sollten, um das Gedächtnis seiner Liebe zu begehen. Er deutet die Riten, die die Juden beim Paschamahl vollzogen, auf neue Weise. Das Brotbrechen weist auf seinen bevorstehenden Tod am Kreuz hin. Dort wird Jesus für uns zerbrochen. Aber das ist keine Katastrophe, kein Scheitern seiner Sendung, sondern Ausdruck seiner Hingabe für uns. Im gebrochenen Brot reicht er sich selbst den Jüngern. Es ist Zeichen seiner Liebe, mit der er uns über den Tod hinaus liebt. Dieser Liebe sollen wir uns in jeder Eucharistiefeier vergewissern. Seine Liebe ist der Grund, auf dem wir bauen können. Sie ist die Quelle, aus der wir leben. Den Wein deutet Jesus als sein Blut, durch das der neue Bund begründet wird. Blut ist Zeichen einer Liebe, die sich für uns verströmt. Der neue Bund, an den Jesus beim letzten Mahl erinnert, ist der Bund der bedingungslosen

Liebe Gottes. Der alte Bund beruhte auf der gegenseitigen Verpflichtung. Gott band sich an die Menschen unter der Bedingung, daß sie seine Gebote hielten. Nun schließt Gott im Blut Jesu, in der menschgewordenen Liebe seines Sohnes, einen bedingungslosen Bund. Er bindet sich an uns aus Liebe. Er vertraut darauf, daß die Liebe, die in seiner Hingabe sichtbar wird, unsere Herzen verwandelt.

Die Frage ist, wie wir diese Zeichenhandlung Jesu beim letzten Abendmahl verstehen sollen. Eine philosophische Spekulation darüber, wie Jesus sich uns im Brot und im Wein hingeben kann, führt nicht weiter. Man kann das Wesen des eucharistischen Mahles nur aus der Erfahrung menschlicher Liebe verständlich machen.

Maria Caterina Jacobelli, eine italienische Volkskundlerin, die über das Osterlachen geschrieben hat, versteht als Frau und Mutter das Geheimnis des Mahles von der menschlichen Liebe her: „Welche Mutter, welche Liebende, eng am Leib des eigenen neugeborenen Kindes oder des eigenen Mannes, hat noch nicht den starken Wunsch verspürt, sich zur Speise zu machen für das geliebte Wesen? Welche Mutter hat sich noch nicht danach gesehnt, diesen Leib, der von ihr ausging, von neuem aufzunehmen? Welcher Liebende hat noch nicht in der Umarmung der Liebe mit den Zähnen den Körper der eigenen Frau oder des eigenen Mannes markiert? ‚Ich möchte dich aufessen durch Küsse'...Wer hat diesen Satz noch nicht gesagt oder gehört? Das bedeutet: mit dem Geliebten in einer alles verschlingenden Einheit sich zu verbinden, Speise werden, sich in Leben verwandeln, gegenseitige Nahrung werden, um zusammen zu leben in einer vollkommenen Einheit, die noch vollkommener ist als die geschlechtliche." (Jacobelli 111) Weil Jesus allen Menschen zu jeder Zeit seine Liebe leibhaft zeigen wollte, hat er das heilige Mahl gestiftet. Es ist ein Vermächtnis seiner Liebe, der Ort, an dem wir immer wieder neu seine Liebe mit all unseren Sinnen erfahren dürfen. Wenn ich im Brot seinen Leib esse und kaue, stelle ich mir vor, daß das der Kuß seiner Liebe ist. Und wenn ich im Wein sein Blut trinke, das er aus Liebe zu mir vergossen hat, dann fällt mir der Satz aus dem Hohenlied ein: „Süßer als Wein ist deine Liebe." (Hld 4,10)

In vielen Kulturen gibt es die heiligen Mahlzeiten. In ihnen wird das, was wir in jedem Mahl erahnen, Wirklichkeit. In jedem Mahl bekommen wir Anteil an den Gaben Gottes, an den Gaben seiner Schöpfung, an den Gaben seiner Liebe. Insofern können wir in jedem Mahl etwas von der Güte und Zärtlichkeit Gottes für uns erspüren. Die Eucharistie ist der Höhepunkt all dessen, was Menschen im Mahl sich ersehnen. Wer ein gutes Essen genießt und ganz im Schmecken ist, der kann auch darin schon ein Einswerden mit Gott erfahren. Die Eucharistie will uns zeigen, was bei jedem Essen geschieht: Einswerden mit dem Schöpfer aller Gaben. Aber zugleich ist Eucharistie ein heiliges Mahl. Die frühe Kirche hat die Eucharistie mit den heiligen Mahlzeiten verglichen, wie sie in den Mysterienkulten der Antike gefeiert wurden. Da stellten sich die Teilnehmer („Mysten") vor, in der heiligen Speise würden sie Gott selbst essen und mit ihm eins werden. Im Essen empfingen sie nicht nur die Gottheit, sondern gaben sich ihr auch hin. Sie ließen sich selbst los und überließen sich ganz dem Essen, um darin das Einswerden mit Gott leibhaft zu erleben. Das kultische Mahl ist

„Vermählung der menschlichen Seele mit der Gottheit" (Schubart 135). Christliche Mystiker besingen bei der Kommunion „die Süßigkeit des geschmeckten Gottes" (ebd. 135). Wir singen bei der Kommunion manchmal den Vers: „Gustate et videte quoniam suavis est Dominus" (Kostet und seht, wie gut, süß, angenehm, lieblich der Herr ist.)

Die Kommunion ist die leibhafte Erfahrung der Liebe Gottes. Wir vergewissern uns in jeder Eucharistie dieser Liebe Gottes, die in Christus aufgeleuchtet ist, um aus dieser Liebe heraus zu leben und um in sie einzutauchen und eine Quelle der Liebe für andere zu werden.

Die Deutung des Evangelisten Johannes

Johannes, der Mystiker unter den Evangelisten, hat ein eigenes Eucharistieverständnis. Er hat versucht, die Eucharistie seinen Zeitgenossen nahe zu bringen, die von der Gnosis fasziniert waren. Die Gnosis war eine starke Bewegung am Ende des 1. Jahrhunderts, ähnlich unserer heutigen New-Age-Bewegung. Die Gnostiker sehnten sich nach Erleuchtung, nach wirklichem Leben. Sie waren überzeugt: „Es muß doch mehr als alles geben." Ihnen antwortet Johannes, indem er sie auf das Brot vom Himmel verweist, das Gott ihnen reicht. Jesus selbst ist dieses Himmelsbrot. „Wer zu mir kommt, wird nie mehr hungern, und wer an mich glaubt, wird nie mehr Durst haben." (Joh 6,35) Wir dürfen die Eucharistie nicht getrennt von der gesamten Existenz Jesu sehen. In Jesus, in seinen Worten und in seinem Handeln, wird das wahre, das ewige Leben, das Gott den Menschen schenkt, offenbar. Jesus ist mit seiner ganzen Person das Brot, das vom Himmel herabkommt. Dieses Brot stillt unseren Hunger nach wirklichem Leben.

Johannes deutet das Leben Jesu und das Geschehen der Eucharistie auf dem Hintergrund des Auszugs aus Ägypten. Auf dem Weg durch die Wüste hatte Gott den Israeliten Brot vom Himmel gegeben, um sie auf ihrem Weg zu stärken. Die Wüstenwanderung Israels beschreibt unsere Situation heute. Wir sind immer auf dem Weg aus dem Land der Abhängigkeit, der Entfremdung und der Enttäuschung in das Gelobte Land, in das Land der Freiheit, in das Land, in dem wir ganz wir selber sein dürfen. Aber auf unserem Weg sehnen wir uns wie die Israeliten zurück nach den Fleischtöpfen Ägyptens. Unser Hunger nach irdischer Nahrung ist oft größer als der Hunger nach Freiheit, nach Leben und Liebe. Auf diesem Weg unserer Sehnsucht nach wirklichem Leben bietet sich uns Jesus an als das Brot des Lebens: „Ich bin das Brot des Lebens... Wer von diesem Brot ißt, wird in Ewigkeit leben." (Joh 6,48.51) Wer sich auf Jesus einläßt, der erfährt wirkliches Leben. Sein Hunger nach Leben wird gestillt.

Aber nun auf dem Höhepunkt seiner Brotrede spricht Jesus davon, daß das Brot, das er geben wird, sein Fleisch ist, das er hingibt „für das Leben der Welt" (Joh 6,51). Die Offenbarung seiner Liebe erreicht ihren Höhepunkt in seinem Tod am Kreuz. Am Kreuz hat uns Jesus bis zur Vollendung geliebt. Und an diesem Gipfelpunkt seiner Liebe will er uns in jeder Eucharistiefeier teilhaben lassen. Im Brot der Eucharistie reicht er uns sein Fleisch, reicht er uns seine fleischgewordene Liebe. Das ist für die Juden unannehmbar. Und auch heute finden es viele unglaublich. Sie tun sich schwer damit, die Eucharistie mit den Begriffen „Fleisch und Blut" zu verbinden. Blut erinnert sie zu sehr an brutale Szenen, in denen Blut geflossen ist. Eine Frau erzählte mir, sie könne nicht aus dem Kelch trinken, wenn der Priester ihr ihn reicht mit den Worten: „Das Blut Christi". Das erinnert sie an das Schlachten der Schweine in ihrem Elternhaus. So mag es manchem heute ergehen. Aber auch ihm sagt Jesus genauso wie damals den Juden, die sich mit dieser Vorstellung schwer taten: „Mein Fleisch ist wirklich eine Speise, und mein Blut ist wirklich ein Trank. Wer mein Fleisch ißt und mein Blut trinkt, der bleibt in mir, und ich bleibe in ihm." (Joh 6,55f.)

Jesu Sprache ist keine „blutrünstige" Sprache, sondern eine Sprache der Liebe. In der Sprache der Liebe sagen wir auch heute noch, daß einer für den andern sein Herzblut vergießt. Fleisch und Blut sind für Jesus Bilder für seine Hingabe am Kreuz. Sie geschah natürlich in der brutalen Realität der römischen Foltermethoden. Aber für Jesus ist die Hingabe am Kreuz Ausdruck seiner Liebe bis zur Vollendung. Johannes spricht hier von „telos". „Telos" bedeutet „Ziel", „Wendepunkt", „Drehpunkt". Am Kreuz wendet sich unser Geschick. Da siegt die Liebe endgültig über den Haß. Und „telos" meint: „Einweihung in das Geheimnis". Am Kreuz weiht uns Jesus ein in das Geheimnis der göttlichen Liebe. *Johannes* Eucharistie ist für Johannes Einweihung in die Liebe Gottes, die unser Leben erst wahrhaft lebenswert macht. Durch das Essen (Johannes spricht hier vom „Kauen") des Brotes und das Trinken aus dem Kelch gelangen wir in eine Gemeinschaft mit Jesus Christus, wie sie tiefer nicht gedacht werden kann: Wir bleiben in Jesus Christus, und er bleibt in uns. Wir werden ununterscheidbar eins mit ihm. Wir werden erfüllt von seiner Liebe. Und indem wir von ihr durchdrungen werden, erfahren wir, was wirkliches Leben ist: ganz und gar geliebt zu sein, ganz und gar durchströmt zu werden von göttlicher Liebe, von ewigem Leben.

In der Eucharistie dürfen wir erfahren, was wirkliches Leben ist, ein Leben, das unsere tiefste Sehnsucht erfüllt. Ewiges Leben ist nicht in erster Linie das Leben nach dem Tod, sondern eine neue Lebensqualität, die wir hier schon erfahren dürfen. Es ist ein neuer Geschmack am Leben, der Geschmack der Liebe, der unser Leben erst wirklich lebenswert macht. Das wahre Leben, das uns im eucharistischen Brot geschenkt wird, wird durch den Tod nicht zerstört, sondern enthüllt sich im Tod als göttliches Leben, das unvergänglich ist. Die persönliche Beziehung zu Jesus, die wir in der Eucharistie erleben, überdauert den Tod. Die Liebe ist stärker als der Tod. Johannes bezieht sich in seinem Evangelium mehrmals auf das Hohelied der Liebe. Dort heißt es: „Stark wie der Tod ist die Liebe, die Leidenschaft ist hart wie die Unterwelt. Ihre Gluten sind Feuergluten, gewaltige Flammen. Auch mächtige Wasser können die Liebe nicht löschen; auch Ströme schwemmen sie nicht weg." (Hld 8,6f.) Die Wirklichkeit dieser Worte dürfen wir in der Eucharistie mit all unseren Sinnen erfahren, gerade mit dem Geschmackssinn. Wir dürfen die Liebe Jesu kauen und darin seinen Kuß spüren. Und wir trinken seine Liebe in uns hinein, damit sie den ganzen Leib durchdringt und ihn mit dem Geschmack der Liebe erfüllt.

Der Volksmund sieht im Blut den Sitz des Temperaments. Wenn mir etwas im Blut liegt, dann entspricht es meinem innersten Wesen. Und wenn mir etwas in Fleisch und Blut übergeht, dann habe ich es ganz verinnerlicht. Indem wir Fleisch und Blut Jesu essen und trinken, haben wir teil an seinem innersten Wesen, an seiner Liebe, die stärker ist als der Tod. Seit jeher haben die Dichter Liebe und Tod zusammen gesehen. Angesichts des Todes zeigt die Liebe erst ihr Wesen und ihre todüberwindende Kraft. Wenn wir die uns schockierende Sprache der eucharistischen Brotrede bei Johannes durch eine sanftere Sprache ersetzen, verliert auch die Liebe, die uns in der Eucharistie durchdringen möchte, ihre wahre Macht. Es ist keine „Softie-Liebe", die uns Jesus erweist, sondern eine Liebe, die den Tod überwindet, die gerade in der Hingabe am Kreuz zur Vollendung kommt.

Das zweite Bild, mit dem Johannes das Geheimnis der Eucharistie deutet, ist das Bild der Fußwaschung. Von ihr erzählt Johannes an der Stelle, an der die anderen Evangelien die Einsetzung des letzten Abendmahles berichten. Die Fußwaschung ist für Johannes ein Beweis dafür, daß Jesus den Jüngern seine Liebe bis zur Vollendung erweist (Joh 13,1ff.). In der Eucharistie erfahren wir diese Liebe bis zur Vollendung. Und sie geschieht genau so, wie es das Bild der Fußwaschung ausdrückt. Wir kommen wie die Jünger mit staubigen und schmutzigen Füßen. Auf dem Weg durch die Welt haben wir uns mit Sünde und Schuld befleckt. Wir haben uns die Füße wundgelaufen. Wir sind verletzt worden. Es gab so viele, die uns an der Achillesferse getroffen haben, die immer wieder in unsere empfindlichen Stellen hineinstachen. Jesus beugt sich in der Eucharistie zu uns hernieder, um uns gerade an unserer verwundbarsten Stelle, an unserer Achillesferse, liebevoll zu berühren und unsere Wunde zu heilen.

Und er neigt sich zu uns herab, um den Schmutz von unseren Füßen zu waschen. Er nimmt uns mit seiner Liebe vorbehaltlos an, gerade auch dort, wo wir uns selbst als unannehmbar erfahren, als beschmutzt und unrein.

Die Fußwaschung ist ein Bild für das, was in jeder Eucharistie geschieht. Jesus gibt auch bei Johannes den Jüngern den Befehl, es ihm gleichzutun. Sie sollen einander die Füße waschen. Der Auftrag Jesu meint nicht nur, daß wir einander dienen sollen. In diesem Auftrag ist vielmehr ein Bild für die Eucharistie enthalten. Indem wir das heilige Mahl halten, indem wir Jesu Worte hören und uns an sein Tun erinnern, handeln wir aneinander, wie Jesus an uns gehandelt hat. Das Gedächtnis ist für Johannes vor allem ein Gedächtnis von Jesu Liebe, mit der er uns in seinem Tod am Kreuz bis zur Vollendung geliebt hat. Aber Eucharistie ist nicht nur Gedächtnis, sondern auch Tun. Wir waschen in der Eucharistie einander die Füße, indem wir uns von der Liebe Jesu anstecken lassen und einander unsere Schuld nicht vorhalten, sondern einander vorbehaltlos annehmen mit der Liebe, die wir in Jesus erfahren. Und Eucharistie ist nach dem Johannesevangelium der Ort, an dem wir einander unsere Wunden zeigen sollten. Wir kommen nicht ohne Schuld zur Eucharistie, sondern als Verwundete und Verschmutzte. Wir brauchen unsere Wunden nicht zu verbergen. Wir können sie voreinander zeigen und sie gemeinsam Christus hinhalten. Er wird sie waschen, und seine Liebe wird sie heilen.

Jesus hält beim letzten Mahl mit den Jüngern eine lange Abschiedsrede. Darin wird ein dritter Aspekt des johanneischen Eucharistieverständnisses sichtbar. Johannes versteht die Eucharistie als den Ort, an dem der auferstandene und erhöhte Herr in die Mitte seiner Jünger tritt und zu ihnen spricht. Die Szene am Osterabend, als Jesus bei verschlossenen Türen in die Mitte der furchtsamen Jünger tritt, beschreibt, was in jeder Eucharistie geschieht. Da kommt Jesus, der jetzt bei Gott ist, in die versammelte Gemeinde und spricht zu ihnen Worte der Liebe. Es sind ähnliche Worte wie in den Abschiedsreden, Worte, in denen seine Liebe, die den Tod überwunden hat, aufleuchtet. Es sind Worte, die den Tod überbrücken, Worte, die aus der Ewigkeit kommen und über uns den Himmel öffnen, Worte, die Himmel und Erde miteinander verbinden, die die Grenze von Tod und Leben aufheben. Johannes sieht die große Not der Menschen in ihrer Unfähigkeit zu lieben. Was sie Liebe nennen, ist nur ein Sich-Klammern an den andern. Jesus ist gekommen, um uns wieder liebesfähig zu machen. Die Eucharistie ist der Ort, an dem wir Gottes Liebe in Jesu Worten erspüren sollen, um dadurch wieder fähig zu werden, einander zu lieben.

Aber Jesus spricht nicht nur zu den Jüngern, er zeigt ihnen auch seine Hände und seine Seite. (Joh 20,20) Seine durchbohrten Hände und seine geöffnete Seite sind Zeichen seiner Liebe, mit der er uns bis zur Vollendung geliebt hat. Im gebrochenen Brot berühren wir die Wunden seiner Hände, die er für uns ins Feuer gelegt hat, die er von uns nicht zurückgezogen hat, als man ihn festnagelte. Und im Wein trinken wir die Liebe, die aus seinem durchbohrten Herzen für uns ausströmt. Indem wir in der Kommunion seine Wunden berühren, dürfen wir auf das Wunder der Heilung für unsere Wunden hoffen. In den durchbohrten Händen begegnen wir dem Jesus, der für uns gehandelt hat, der Kranke geheilt und Mutlose wieder aufgerichtet hat. Da wird die ganze Geschichte Jesu für uns Gegenwart.

Eucharistie als Verwandlung

Die Theologie des Mittelalters hat vor allem über das Geheimnis der Verwandlung von Brot und Wein in den Leib und das Blut Jesu Christi nachgedacht. Sie hat den Begriff der Transsubstantiation geprägt. Kardinal Ratzinger drückt das, was dieser abstrakte Begriff meint, mit den Worten aus: „Der Herr bemächtigt sich des Brotes und des Weins, er hebt sie gleichsam aus den Angeln ihres gewöhnlichen Seins in eine neue Ordnung hinein." (Koch 211) Es ist letztlich die Ordnung seiner Liebe. Brot und Wein werden zutiefst Ausdruck von Jesu Liebe. Sie werden etwas anderes, Leib und Blut Jesu, Zeichen seiner Liebeshingabe am Kreuz. Die moderne Theologie hat versucht, das Geheimnis dieser Verwandlung in verschiedenen Bildern auszudrücken. Wenn ich für einen lieben Menschen ein Buch als Geschenk aussuche, dann steckt in diesem Buch etwas von meiner Liebe. Es ist erfüllt mit meinen eigenen Gedanken und Gefühlen. Wenn mir ein Mensch ganz wertvoll und teuer ist, dann suche ich nicht irgendein Geschenk für ihn aus, sondern etwas, was ihn mit allem an mich und meine Liebe erinnert. So hat Jesus das gebrochene Brot gewählt, weil darin am besten zum Ausdruck kommt, daß er sich im Tod aus Liebe zu uns zerbrechen ließ, damit wir nicht an der Lieblosigkeit unserer Umwelt zerbrechen. Und er hat den Wein gewählt als Verdichtung dessen, was er in den Abschiedsreden zu seinen

Jüngern gesagt hat: „Es gibt keine größere Liebe, als wenn einer sein Leben für seine Freunde hingibt." (Joh 15,13)

Wir dürfen die Wandlung der Eucharistiefeier aber nicht nur auf Brot und Wein beschränken. In den Gaben von Brot und Wein bringen wir die ganze Schöpfung vor Gott. Und wir bringen in der Eucharistie zum Ausdruck, daß die ganze Welt im tiefsten schon von Christus durchdrungen ist, daß wir Christus in allen Dingen begegnen. Im Brot legen wir zugleich unseren Alltag auf den Altar, alles, was uns täglich aufreibt und zerreibt, die vielen Körner, die in uns beziehungslos nebeneinander liegen, das Vielerlei, das uns innerlich oft zerreißt, unsere Mühe und unsere Arbeit. Das Brot ist auch Bild für unsere Lebensgeschichte. Es ist geformt aus dem Korn, das an der Ähre gewachsen ist, bei Regen und Sonne, bei Wind und Wetter. So legen wir uns im Brot auf den Altar mit all dem, was in uns gewachsen ist, und mit all dem, was nicht so geworden ist, wie wir es gerne gehabt hätten. Wir kreisen nicht um die Verletzungen unserer Lebensgeschichte, aber wir laufen auch nicht vor ihnen davon. Wir halten sie im Brot Gott hin. Er wird seinen Heiligen Geist auch über unser Leben senden und darüber sprechen: „Das ist mein Leib." Alles, was wir Gott hinhalten, wird er in der Eucharistie in den Leib seines Sohnes verwandeln.

Im Kelch bringen wir nicht nur den Wein vor Gott, sondern alles Leid und alle Freude der Welt. Der Kelch steht für die Bedrängnisse der Menschen, aber auch für unsere Sehnsucht nach Ekstase, nach einer Liebe, die uns verzaubert, die unseren Leib und unsere Seele erhebt. Im Kelch nehmen wir unser Leben mit allem, was sich in uns angesammelt hat an Schmerz und Sehnsucht, an Leid und Freud, in die Hand und

heben es empor, damit es alle sehen. Alles in unserem Kelch ist wert, in den Bereich Gottes gehalten zu werden. Und alles kann in das Blut Jesu verwandelt werden, in die menschgewordene Liebe, die alles in uns durchdringen möchte. In einem Traum wurde mir einmal deutlich, daß in den Gaben von Brot und Wein unser ganzes Leben verwandelt wird. Ich träumte, daß ich zusammen mit unserem Abt die hl. Messe feierte. Wir vollzogen unsere eigenen Riten. Bei der Gabenbereitung hielten wir unsere Uhren über die Gaben von Brot und Wein, damit die hektische Zeit verwandelt wird. Unsere Arbeit, unsere Zeit, unsere Unruhe, unsere Probleme, unsere Zerrissenheit, unsere Sorgen, alles wird auf den Altar gelegt und vom Geist Gottes, der über die Gaben herabgefleht wird, verwandelt.

Manche meinen, die Eucharistie als das Fest der Liebe Gottes könne man nicht täglich feiern. Aber die Verwandlung unserer Welt, unserer Lebensgeschichte, unserer Beziehungen, unserer Arbeit, unserer Mühen, unseres Alltags, die können wir getrost täglich feiern. Denn darin drücken wir aus, daß wir auch im Alltag nicht allein gelassen sind, daß die Eucharistie unser Leben bis in die banalsten Lebensvollzüge hinein prägen und verwandeln will. Wenn ich daran glaube, daß Gott in Brot und Wein auch meine Welt verwandelt, kann ich gelassener an die Arbeit gehen, kann ich vertrauensvoller hoffen, daß nicht alles beim Alten bleibt, sondern daß sich Beziehungen wandeln können, daß verfahrene Konflikte sich auflösen und das Mühsame leichter wird. Und ich kann jeden Tag Neues zur Verwandlung anbieten, das, was mich gerade beschäftigt, was mich bedrückt, was mich lähmt und am Leben hindert. Eucharistie ist Ausdruck der

Hoffnung, daß sich durch die Feier von Tod und Auferstehung Jesu auch das Starre in mir verwandelt zu neuem Leben.

Eucharistie als Opfer: Einübung in die Liebe

Die katholische Kirche hat die Eucharistie immer als Opfer verstanden. Die Reformation hat den Begriff des Opfers abgelehnt und Eucharistie nur als Mahl, als Abendmahl verstanden. Heute wissen wir, daß die Reformation zu Recht gegen einen verfälschten Opferbegriff protestiert hat. Auch viele Katholiken tun sich heute schwer mit dem Wort „Opfer". Sie werden entweder an ihre Erziehung erinnert, daß sie möglichst viele Opfer bringen sollten, um Gott wohlgefällig zu sein. Oder aber sie verbinden das Opfer Jesu am Kreuz mit der Vorstellung, daß Gott dieses Opfer von seinem Sohn forderte. Gegenüber solchen Verfälschungen ist es sinnvoll, nach der eigentlichen Bedeutung von Opfer zu fragen. Opfer bedeutet einmal, daß etwas Irdisches in den göttlichen Bereich gehoben wird, daß es Gott gegeben wird, weil es Gott gehört. Von dieser Sicht her hat der Begriff des Opfers heute durchaus etwas höchst Aktuelles. Heute wird ja alles verzweckt. Alles muß etwas bringen. In der Eucharistie übereignen wir unser Leben Gott, von dem wir unser Leben empfangen haben. Wir reißen es heraus aus dem Zusammenhang des Verzweckten. Es gehört Gott. Wir schaffen einen Freiraum, in dem wir nichts bringen, nichts leisten, nichts vorweisen müssen. Wir halten unser Leben in den Bereich Gottes, in den es eigentlich hinein gehört. Und von Gott her erahnen wir, wer wir eigentlich sind.

Die zweite Bedeutung des Opfers meint Hingabe. Wenn die Bibel sagt, daß Jesu Tod ein Opfer ist, dann meint sie damit, daß Jesus im Tod seine Liebe vollendet hat. Auf keinen Fall sagt die Bibel, daß Gott von seinem Sohn das Opfer des Kreuzes gefordert hat. Jesus ist nicht auf die Erde gekommen, um für uns zu sterben, sondern um uns die Frohe Botschaft von der Nähe des liebenden Gottes zu verkünden. Doch als er merkte, daß der Konflikt mit den Pharisäern und Sadduzäern seinen gewaltsamen Tod zur Folge haben könnte, ist er nicht geflohen, sondern hat seine Liebe zu den Seinen durchgehalten bis zum Tod. Jesus hat seinen gewaltsamen Tod nicht als Scheitern verstanden, sondern als Hingabe für die Seinen. Das deutet er in der Rede vom guten Hirten an: „Ich gebe mein Leben hin für die Schafe... Niemand entreißt es mir, sondern ich gebe es aus freiem Willen hin." (Joh 10,15.18) Der Tod Jesu ist also Ausdruck seiner Liebe, mit der er uns vorbehaltlos und bis zum Ende liebte, und Ausdruck seiner Freiheit und Souveränität, in der er sich für uns hingab. Indem wir seinen Tod und seine Auferstehung in der Eucharistie feiern, stellen wir uns unter seine Liebe, mit der er jeden von uns persönlich gemeint hat. Wir vergewissern uns in der Feier seines Kreuzesopfers, daß Christi Liebe alles Gegensätzliche und Widersprüchliche in uns berührt und verwandelt.

Aber die liturgischen Texte sprechen manchmal auch vom Opfer der Kirche. Wenn vom Opfer der Kirche die Rede ist, bedeutet das nicht, daß wir eine Leistung erbringen, damit Gott mit uns zufrieden ist, sondern daß wir uns in die Liebe Jesu einüben. Das deutsche Wort „opfern" kommt vom lateinischen „operari" = „arbeiten, beschäftigt sein, sich abmühen". Es geht im Deutschen auf die gleiche Wurzel zurück, von der auch das Wort „üben" herkommt. Opfern heißt also, daß wir uns einüben in die Haltung der Liebe, die Christus uns vorgelebt hat. Wir bekennen in der Eucharistiefeier unsere Bereitschaft, hineinzugehen in die Haltung der Hingabe, die Christus uns vorgelebt hat. Wir drücken damit unsere Sehnsucht aus, in der Schicksalsgemeinschaft mit Jesus Christus Gott und den Nächsten zu lieben und uns von Christus umformen zu lassen in die Gestalt seiner Liebe.

Wenn die Kirche die Eucharistie auch als Opfer versteht, so stellt sie sich damit in die lange Tradition der vielen Religionen, die alle das Opfer als Höhepunkt des Gottesdienstes und als Quelle der Lebenserneuerung kennen. C. G. Jung meint, die Katholiken, die die hl. Messe als Opfer verstehen, hätten den Vorteil, daß sie an den Wert des eigenen Lebens glauben könnten. Sie haben das Gespür dafür, daß ihr Leben für diese Welt von Bedeutung ist. Indem sie sich in die Liebe Christi einüben und sich gemeinsam mit Christus Gott als „Opfer" darbringen, durchdringen sie die Welt mit Christi Liebe und tragen so zur Verwandlung des Kosmos bei, zur „Amorisation", wie Teilhard de Chardin die Durchdringung des Kosmos durch die Liebe nennt (amor = Liebe). Wir sollten heute den Begriff des Opfers nicht in den Mittelpunkt unseres Eucharistieverständnisses stellen. Aber es hilft auch nicht weiter, einen so altehrwürdigen Begriff, der in allen Religionen vorkommt und den auch die Bibel und die christliche Tradition immer wieder verwendet, einfach zu streichen. Denn damit sind wir in Gefahr, die Eucharistie zu nett und zu banal zu sehen. Unser Leben ist oft genug eingetrocknet und leer. Durch das Opfer Christi – so glauben die

Alten – wird es erneuert durch die Kraft Seiner Liebe. Da beginnt in uns die Quelle der Liebe neu zu sprudeln.

Eucharistie als Mysterium: Gottes Traum vom Menschen

Die Kirchen des Ostens verstehen die Eucharistie vor allem als Mysterium. Mysterium meint die Einweihung in das Geheimnis Gottes. Die Einweihung geschieht dadurch, daß das Schicksal Gottes in verschiedenen Riten dargestellt wird. Die frühe Ostkirche hat die Eucharistie auf dem Hintergrund der hellenistischen Mysterienkulte verstanden, in denen die Mysten (Teilnehmer an den Mysterienfeiern) eingeweiht wurden in das Schicksal Gottes. Im Mithraskult nahmen die Feiernden Anteil am Leben und Sterben des Mithras und wurden dadurch seiner heilenden und verwandelnden Kraft teilhaftig.

Die griechischen Kirchenväter sahen die Eucharistie ähnlich. Wir feiern das Schicksal Jesu Christi, seine Menschwerdung, seine Wundertaten, seinen Tod und seine Auferstehung. Und in der Feier bekommen wir Anteil an seinem göttlichen Leben, das den Tod überwunden hat. Unser Leben wird gleichsam hineingenommen in Sein göttliches Leben. Das gab den frühen Christen die Gewißheit, daß ihr Leben gelingt, genauso wie das Leben Jesu gelungen ist, allerdings durch das Kreuz hindurch. Nichts – so erfuhren es die Christen in jeder Eucharistiefeier – kann uns scheiden von der Liebe Christi. Selbst der Tod hat keine Macht über uns. Wir werden hineingenommen in den Weg Jesu Christi. Und dieser Weg führt auch uns zum wahren Leben, zum

Leben in Fülle, das sich auszeichnet durch die vollkommene Freude und die vollkommene Liebe.

Man könnte das heute für viele unverständliche Wort „Mysterium" auch als Gottes Traum vom Menschen deuten. Nicht nur wir haben Lebensträume, auch Gott hat sich einen Traum vom Menschen gemacht. Und dieser Traum wurde in seinem Sohn Jesus Christus Wirklichkeit. Da ist die Güte und Menschenfreundlichkeit Gottes erschienen (vgl. Tit 3,4). Die Lateiner übersetzen das griechische Wort „philanthropia" = „Menschenliebe" mit „humanitas" = „Menschlichkeit, Menschenbild". In Christus ist das Bild des Menschen offenbar geworden, wie Gott es sich erträumt hat. Es ist das Bild eines Menschen, der ganz und gar mit Gott eins ist, durchdrungen von Gottes Güte und Liebe. Die Eucharistie stellt in ihren Riten das Geheimnis der Menschwerdung Jesu Christi dar, den Traum Gottes von uns Menschen, die eins werden mit Gott. Gerade in den verschiedenen Mischungsriten (z.B. Wasser in Wein, Brot in Wein) kommt zum Ausdruck, daß wir wie Jesus eins werden mit Gott.

Aber wir feiern in der Eucharistie nicht nur die Menschwerdung, sondern auch den Tod und die Auferstehung Jesu. Darin kommt seine Menschwerdung zur Vollendung. Selbst die Abgründe des Todes sind durch Christus verwandelt worden. Sogar im Tod können wir nicht aus der Einheit mit Gott herausgerissen werden. Indem die Kirche das Geheimnis der Menschwerdung und das Mysterium von Tod und Auferstehung Jesu darstellt, bekommen wir daran Anteil, werden wir hineingenommen in das Geheimnis des Weges Jesu, der auch uns in die Einheit mit Gott führt und uns die Gewißheit schenkt, daß uns nichts mehr scheiden kann von der Liebe Christi, in der wir ununterscheidbar eins werden mit Gott.

Eucharistie als Brotbrechen

In der Urkirche wurde die Eucharistie als Brotbrechen bezeichnet. Lukas sagt von den ersten Christen in Jerusalem: „Tag für Tag verharrten sie einmütig im Tempel, brachen in ihren Häusern das Brot und hielten miteinander Mahl in Freude und Einfalt des Herzens." (Apg 2, 46) Das Brotbrechen erinnert die Christen daran, daß Jesus beim letzten Abendmahl und dann beim Mahl mit den Emmausjüngern das Brot gebrochen hat. Indem der Priester das Brot bricht, haben die Feiernden den Tod Jesu vor Augen, in dem sich Jesus aus Liebe zu ihnen zerbrechen ließ. Das Brotbrechen stellt den Gipfelpunkt der Liebe Jesu in seiner Hingabe am Kreuz dar. Aber es verweist auch auf all die Begegnungen Jesu mit den Menschen, in denen er sich ihnen heilend und befreiend mitgeteilt hat, in denen er seine Zeit, seine Kraft, seine Liebe mit ihnen geteilt hat. Im Brotbrechen kommt zum Ausdruck, daß Jesus nicht für sich allein gelebt hat, sondern daß er sich in seiner ganzen Existenz für uns aufgebrochen hat, um uns sich und seine Liebe mitzuteilen. Jesus ist wesentlich „Für-Sein", „Pro-Existenz". Wir drücken im Brotbrechen unsere tiefste Sehnsucht aus, daß da einer ganz für uns da ist, so sehr, daß er sich bis in den Tod hinein für uns einsetzt und uns liebt.

Beim Brotbrechen dachten die Christen auch an die Brotvermehrungsgeschichten, die alle Evangelisten erzählen. Wie Jesus dort die Brote brach und den Segen sprach, das hat die gleiche Struktur wie bei der Eucharistie. Bei Markus heißt es: „Dann nahm er die sieben Brote, sprach das Dankgebet, brach die Brote und gab sie seinen Jüngern zum Verteilen."(Mk 8,6) Das Brotbrechen hat mit Teilen zu tun. Die Jünger sollen ihr Brot mit den vielen Zuhörern teilen. Teilen ist ein wichtiges Bild für die Eucharistiefeier. Eucharistie ist nicht nur die Einladung, unsern Besitz mit anderen Menschen zu teilen, den Hungernden unser Brot zu reichen. Eucharistie ist in sich schon Feier des Teilens. Wir teilen unsere Zeit und unsern Raum miteinander. Indem wir uns auf die gemeinsame Feier einlassen, auf das Singen und Beten, auf die Menschen, die mit uns Mahl halten, teilen wir mit ihnen unser Leben, unsere Sehnsüchte und Wünsche, unsere Gefühle und Bedürfnisse, unsere Ängste und Hoffnungen. Indem wir in der Eucharistie unser Leben miteinander teilen, schaffen wir Raum für Gemeinschaft und Gastfreundschaft. Es entsteht Verbundenheit, Wärme und Mitsorge. „Teilen ist heilen", meint Bernard Rootmensen. Durch das Teilen wird ein Stück Zerrissenheit geheilt. Das Brot, das wir füreinander brechen, schenkt uns die Hoffnung, daß auch das Zerbrochene und Gebrochene in uns geheilt wird. Die Bruchstücke unseres Lebens werden neu zusammengesetzt. Das Brotbrechen ist zugleich Einladung, uns füreinander aufzubrechen, unseren Gefühlspanzer zu zerbrechen und unsere Herzen füreinander zu öffnen.

II. Gestaltung der Eucharistiefeier

Für viele ist die Eucharistiefeier langweilig, weil sie immer gleich abläuft. Sie wollen Abwechslung. Doch auch wenn an den Festen oder bei besonderen Anlässen wie der Feier der hl. Messe in einer kleinen Gruppe eine gewisse Veränderung einzelner Riten angebracht ist, so gehört es andererseits zum Wesen der Eucharistie, daß sie immer wieder in der gleichen Weise gefeiert wird. Wir dürfen uns daher nicht unter Leistungsdruck stellen und ständig neue Inszenierungen versuchen, während uns der eigentliche Gehalt der Eucharistie verloren geht. Andere feiern täglich Eucharistie, ohne daß sie wissen, was die einzelnen Riten eigentlich bedeuten. Alle Riten der Eucharistie wollen uns einen Aspekt der Liebe Jesu Christi darstellen. Sie wollen uns sichtbar vor Augen halten, was Jesus an uns und für uns getan hat und in jeder Eucharistie von neuem an uns wirkt. Und die Riten wurzeln in alten Vorstellungen, wie sie in allen Völkern verbreitet sind. In ihnen drückt sich die Sehnsucht der Menschheit nach Verwandlung, Heiligung und Heilung ihres Lebens aus. Daher möchte ich den Ritus der Reihe nach durchgehen und ihn erklären. An einigen Stellen werde ich Anregungen geben, wie dieser Ritus zu bestimmten Anlässen besonders gefeiert werden könnte.

Einleitungsriten

Jede kultische Feier beginnt mit Einleitungsriten. „Durch die Einleitung wird der Zugang in den verschlossenen, geheimnisvollen, heiligen Bezirk geschaffen." (Kirchgässner 382) Die Einleitung ist gleichsam der Schlüssel, der uns Menschen, die aus der Hektik dieser Zeit kommen, die Türe aufschließt in den Raum des Heiligen. Wir betreten in der Liturgie eine andere Welt. Wenn wir uns auf den heiligen Bezirk der Liturgie einlassen wollen, müssen wir uns lösen von dem, was uns sonst in Beschlag nimmt. So beginnt die Chrysostomos-Liturgie mit dem Hymnus: „Alle irdischen Sorgen laßt uns ablegen, um den Allherrscher zu empfangen." (Ebd. 413) Viele beklagen sich heute, daß die Eucharistie nichts mit ihrem Leben zu tun hat. Aber das gehört zum Wesen des Kultes, daß er uns in eine andere Welt versetzt. Es hilft uns, wenn wir in der Eucharistie die Welt verlassen dürfen, die uns oft genug im Griff hat, wenn wir eine andere Welt betreten, eine Welt, in der wir erfahren können, wer wir eigentlich sind, in der wir uns so erleben dürfen, wie es unserer Seele entspricht. Unsere Welt ist ja oft „seelenlos" geworden. Die Eucharistie tut unserer Seele gut. Sie will uns in Berührung bringen mit unserer Seele, damit wir dann auch in der Welt unseres Alltags „beseelt" leben können, im Bewußtsein unserer göttlichen Würde, im Wissen darum, daß wir mehr sind als die Welt, die nach uns greift.

Wie jeder Kult kennt auch die Eucharistiefeier eine Reihe von Einleitungsriten. Die Feier beginnt mit dem „Introitus", dem Eingangslied. Singend tritt die Gemeinde ein in das Geheimnis der Liebe, das Gott ihr in der Eucharistie vor Augen führen wird. Der Priester hat sich schon in der Sakristei auf die Feier vorbereitet, indem er die heiligen Gewänder angezogen hat. Früher hat er bei jedem Kleidungsstück ein eigenes Gebet verrichtet. Mit den Ministranten hat er sich schweigend auf das heilige Geschehen eingestimmt. Dann wird die Türe zur Kirche geöffnet. In der Ostkirche betet der Priester dabei: „Herr, ich will eintreten in dein Haus

und dich in heiliger Ehrfurcht in deinem Tempel anbeten." (Kirchgässner 392) Dann verneigen sich Priester und Ministranten vor dem Altar und schreiten die Stufen zum Altar hinauf. Der Priester küßt den Altar. Der Kuß ist Ausdruck von Zärtlichkeit und Liebe. Er ist die intenviste Berührung, die wir einander schenken. Der Altar ist Symbol für Christus. Im Altarkuß berührt der Priester Christus, um seine Kraft und seine Liebe in sich aufzunehmen. Er drückt damit aus, daß er nicht selbst die Eucharistie feiert, sondern nur aus der Kraft und Liebe Christi heraus. „Kuß", so sagt Kirchgässner, ist „Ein-Atmen der göttlichen Atmosphäre, Trinken am Quell des Lebens" (ebd. 498). Immer wieder wird der Priester während der hl. Messe den Altar berühren, um „aus der Kraft des Altares handeln zu können" (ebd. 498).

Der Schlüssel, der den Gläubigen die Türe zum Raum der Liebe aufschließt, in den sie in der Eucharistie eintreten, ist das Kreuzzeichen. Wenn die frühen Christen sich mit dem Kreuz bezeichneten, drückten sie damit aus, daß sie Gott gehörten und nicht der Welt, daß kein Machthaber über sie herrschen kann. Und es war für sie eine Auszeichnung. Sie ritzten sich in diesem Zeichen die Liebe Christi in ihren Leib ein. Mit dem Kreuzzeichen segnen wir uns. Das deutsche Wort „segnen" kommt von „secare" = „schneiden, ritzen". Im Kreuzzeichen berühren wir zuerst die Stirne, dann den Unterbauch, dann die linke und die rechte Schulter. Wir drücken damit aus, daß Jesus Christus alles an uns liebt, das Denken, die Vitalität und Sexualität, das Unbewußte und das Bewußte. Wir beginnen die Eucharistie also mit dem Zeichen der Liebe, um damit schon auszudrücken, worum es eigentlich geht. Es geht in der Messe darum, daß wir Christi Liebe

leibhaft erfahren. Wir verbinden das Kreuzzeichen mit der trinitarischen Formel „Im Namen des Vaters und des Sohnes und des Heiligen Geistes". Das ist für viele eine Floskel geworden. Aber wir bekennen damit, daß Gott kein ferner und in sich abgeschlossener Gott ist, sondern der Gott, der für uns offen ist, der uns teilnehmen läßt am Kreislauf seiner Liebe. Man könnte diese Formel auch verdeutlichen, indem man sie ähnlich wie die syrische Kirche – erweitert und so ganz langsam und bewußt sich mit dem Kreuz bezeichnet: „Im Namen des Vaters, der uns ausgedacht und geschaffen hat, und des Sohnes, der in die Tiefe unseres Menschseins hinabgestiegen ist, und des Heiligen Geistes, der das Linke zum Rechten wendet, der das Unbewußte und Unbekannte in uns verwandelt, damit es ausgerichtet wird auf Gott."

Nach dem Kreuzzeichen begrüßt der Priester die Gemeinde mit der Zusage, daß der Herr selbst mit und bei ihnen sei mit seinem Frieden, mit seiner Gnade, mit seiner Liebe. Dadurch soll deutlich werden, daß nicht der Priester der Messe vorsteht, sondern daß Christus selbst in unserer Mitte ist als der eigentlich Handelnde. Dann, nach einer kurzen Einführung in den Gottesdienst, etwa in das Festgeheimnis oder in das Leben des Tagesheiligen, folgt der Bußakt. Damit haben heute viele Probleme. Sie meinen, sie müßten sich erst als arme Sünder fühlen, sie würden von der Kirche erst „klein" gemacht, bevor ihnen dann großzügig die Vergebung zugesagt werde. Der Sinn des Bußaktes ist, daß wir uns mit allem, was in uns ist, mit unseren Licht- und Schattenseiten, mit unseren Erfolgen und Mißerfolgen, mit unserem Gelingen und Mißlingen und auch mit unserer Schuld auf die Begegnung mit Christus einlassen. Wir müssen

uns nicht klein machen. Vielmehr lädt uns Christus ein, daß wir auch die Seiten von uns mitbringen, die wir lieber draußen lassen würden, weil sie uns unangenehm sind. Der Bußakt will uns also dazu ermutigen, als ganze Menschen die Eucharistie zu feiern und nicht nur unseren „frommen" Teil in die Begegnung mit Gott hineinzunehmen. Er sagt uns schon zu Beginn der Feier zu, daß Eucharistie die Erfahrung der vergebenden Liebe Gottes ist, die uns bedingungslos annimmt.

Den Begrüßungsteil und den Bußakt kann die Gemeinde, vor allem wenn es eine kleine Gruppe ist, durchaus individuell gestalten. Sie kann den Gottesdienst mit einem meditativen Tanz eröffnen oder Anliegen einbringen, für die man diese Messe feiern möchte. Sie kann im Bußakt auf Verstrickungen aufmerksam machen, in die einzelne oder ihre Umwelt hineingezogen sind, oder ihn auch als Spiel gestalten. Bei einem Pfingstkurs stellte die Gruppe einen Teich dar, in den man hineingehen konnte, um zu sagen, was man da zurücklassen möchte, wovon man abgewaschen werden wollte.

Manchmal gestalte ich den Bußakt auch durch drei Gebärden: einmal durch die Gebärde der offenen Schale. Ich spreche dazu ein Gebet, etwa mit den Worten: „Wir halten in unseren Händen alles Gott hin, was wir in die Hand genommen, gestaltet und geformt haben, was uns gelungen und mißlungen ist. Wir halten unsere Hände hin, die wir anderen gereicht haben und die wir vor andern zurückgezogen haben. Wir halten alles hin, was sich in unsere Hände eingegraben hat, damit Gott es mit seiner guten Hand segnen möge." Dann drehen wir die Hände zum Boden. „Wir lassen los, woran wir uns festklammern. Wir begraben, was vergangen ist, was uns belastet, was wir uns einander vorwerfen. Wir drücken in dieser Gebärde aus, daß wir das Vergangene nicht mehr als Vorwurf gegen andere oder als Entschuldigung für unser Unvermögen benutzen wollen. Wir lassen auch unsere Schuldgefühle los. Wir begraben sie, um mit Christus neu aufzustehen aus dem Grab unserer Selbstverletzung und unseres Selbstmitleids." Und dann reichen wir uns die Hände und halten unsere Beziehungen Gott hin mit allem, was uns verbindet und was uns trennt. „Wir halten unsere geglückten Beziehungen Gott hin, daß er sie segne. Und wir bringen unsere Beziehungen, die blockiert sind durch Mißverständnisse und emotionale Trübungen, vor Gott, damit seine heilende Liebe wieder zwischen uns strömen möge." Es ist der Phantasie der Gruppe überlassen, hier kreativ zu werden, ohne daß sie sich unter Leistungsdruck stellt. Aber wichtig ist, daß diese kreative Gestaltung für ganz bestimmte Feste und für Gruppengottesdienste paßt, daß es aber auch die alltägliche Gestaltung geben muß, die in sich stimmig ist.

Nach dem Bußakt folgen die Kyrie-Rufe. Sie sind eigentlich Huldigungsrufe an den erhöhten Herrn. Wenn diese Rufe im lateinischen Choral gesungen werden, dann ist für mich deutlich, daß der erhöhte Herr im Singen selbst in unserer Mitte ist. Wir besingen den, der unter uns ist. Und indem wir ihn besingen, entsteht sein Bild deutlicher unter uns. Es ist so, wie wenn ein Liebhaber seine Geliebte besingt. Im Lied entsteht sie vor seinen Augen, und singend fühlt er sich mit ihr tief verbunden. Bei Gruppengottesdiensten lade ich die Teilnehmer ein, Christus unter dem Namen oder dem

Bild anzurufen, der oder das ihnen spontan einfällt: „Christus, du unser Bruder. Christus, du guter Hirte, du Freund der Armen, du Liebhaber, du Licht der Welt." Es ist erstaunlich, wie viele Namen Jesu den Teilnehmern teuer sind. Indem jeder Christus mit seinem Namen anspricht, wird deutlich, wer da unter uns ist. Und es entsteht eine innige Beziehung zu diesem Jesus, der in unserer Mitte ist, um unsere tiefsten Sehnsüchte zu erfüllen. Am Sonntag und an Festen folgt auf das Kyrie der weihnachtliche Hymnus „Gloria" – „Ehre sei Gott in der Höhe". In ihm wird schon voller Freude das Geheimnis unserer Erlösung besungen. Dann folgt die Oration, das Tagesgebet, in dem der Priester das Festgeheimnis kurz zum Ausdruck bringt.

Die Lesungen

In Lesung und Evangelium wird das Wort Gottes verkündet. Die Leseordnung, die nach dem Vatikanischen Konzil eingeführt wurde, bringt uns eine reiche Auswahl von biblischen Texten. Das Wort selbst will schon wirken. Daher braucht es einen aufmerksamen Sinn, um die Worte nicht nur mit dem Ohr aufzunehmen, sondern sie ins Herz fallen zu lassen. Und es braucht das Schweigen, damit das Wort sich ins Herz einsenken kann. Wenn das Wort im Herzen ankommt, dann wirkt es auch. Damit das Wort ins Herz fallen kann, muß der Vorleser sein eigenes Herz in die Worte hineinlegen. Man muß spüren, daß er die Lesung engagiert vorträgt, daß er selbst von den Worten berührt wird, die er vorliest. Die Worte aus Lesung und Evangelium wollen uns nicht in erster Linie sagen, was wir tun sollen, sondern wer wir sind. In den Lesungen aus dem Alten und Neuen Testament wird das Geheimnis unseres Lebens gedeutet. Im Evangelium tritt Jesus Christus selbst in unsere Mitte. Er selbst spricht zu uns, und er handelt an uns so, wie es der Text verkündet. Bevor der Priester das Evangelium verkündet, bezeichnet er das Buch und sich selbst auf Stirn, Mund und Brust mit dem Kreuzzeichen, und die Gläubigen folgen ihm darin. Wir drücken damit aus, daß jedes Wort Ausdruck der Liebe ist, mit der uns Christus bis zur Vollendung geliebt hat, und daß wir diese Liebe in unser Denken, Sprechen und Fühlen einprägen wollen. Damit das Wort noch mehr bei den Hörern ankommt, deuten es der Priester oder dazu beauftragte Männer und Frauen in der Predigt. Die Predigt soll das, was wir in der Eucharistie feiern, verdeutlichen und der ganzen Gemeinde bewußter machen. Wenn es keine Predigt gibt, ist es manchmal hilfreich, in wenigen Sätzen Lesung oder Evangelium auf unser Leben hin auszulegen. Das kann z. B. in der Einleitung zu den Fürbitten geschehen. Was im Evangelium verkündet wurde, das wird in der Eucharistie Wirklichkeit, das wird im heiligen Spiel dargestellt. In der Kommunion werden wir diesen Jesus leibhaft berühren. Und von dieser Berührung können auch unsere Wunden geheilt werden, kann unsere Angst zerrinnen, kann sich unsere Traurigkeit in Freude wandeln, unsere Starre in Lebendigkeit und unsere Kälte in Liebe.

Die Fürbitten

Am Sonntag wird nach der Predigt das Credo gebetet, in dem wir unsern Glauben bekennen. Für viele scheint das abstrakt zu sein. Aber jeder Satz aus dem Credo drückt das Geheimnis unseres durch Christus erlösten Lebens aus. Dann folgen die Fürbitten, in denen wir die ganze Welt in den Raum des Gottesdienstes hereinholen. Bei den Fürbitten kann sich bei bestimmten Gelegenheiten die Phantasie der Gemeinde entfalten. Wenn es angebracht ist, können die Fürbitten spontan von den Gottesdienstbesuchern gebetet werden. Bei Gruppengottesdiensten oder an Festen, an denen das Licht im Mittelpunkt steht (wie Maria Lichtmeß, Maria Immaculata, Weihnachten, hl. Odilia, hl. Luzia usw.), kann der Priester die Gottesdienstteilnehmer einladen, eine Kerze oder ein Teelicht in einem ganz bestimmten Anliegen zu entzünden und auf den Altar oder vor eine Ikone zu stellen. Bei Gottesdiensten für eine bestimmte Berufsgruppe oder einen Verein könnten einige Vertreter ihre Fürbitte mit einem Symbol verbinden, indem sie etwas Charakeristisches aus ihrem Beruf oder ihrer Vereinstätigkeit aussuchen, vor den Altar bringen und eine Bitte dazu sprechen. Bei Gruppengottesdiensten verbinde ich die Gabenbereitung manchmal mit den Fürbitten, indem ich die Hostienschale herumgehen lasse. Jeder nimmt sie in die Hand und legt entweder schweigend oder mit Worten etwas von sich hinein oder einen Menschen, der ihm am Herzen liegt, etwa so: „Ich lege in diese Schale, was in mir erstarrt ist, meine innere Unruhe, meine Angst, mein mangelndes Selbstwertgefühl. Ich lege in diese Schale meine Schwester, die sich um ihre Kinder Sorgen macht", usw. Dann reicht er die Schale dem Nachbarn weiter, bis sie wieder zu mir gelangt. Dann erhebe ich die Schale und spreche ein Gebet über alles, was wir in sie hineingelegt haben. Und ich bitte Gott, daß er alles verwandeln möge, wenn er jetzt das Brot in den Leib Christi verwandelt.

Die Gabenbereitung

Die Gabenbereitung beginnt mit der Gabenprozession, die allerdings in vielen Kirchen kaum mehr geübt wird. Sie hat den tiefen Sinn, daß wirklich unsere Welt bewußt vor Gott getragen wird. Wenn die Ministranten oder Vertreter der Gemeinde die Hostienschalen und die Kelche langsam und behutsam zum Altar bringen, dann wird deutlich, daß sie in der Hostienschale die Zerrissenheit unserer Welt und im Kelch Leid und Sehnsucht der ganzen Menschheit vor Gott bringen. Die Eucharistie ist mehr als eine fromme Privatfeier unter Christen. Sie will sich auswirken auf die ganze Welt. Durch die Verwandlung von Brot und Wein will eine verwandelnde Bewegung in die ganze Welt ausgehen. So wie Christus für die ganze Welt gestorben ist und sie in seiner Auferstehung aufgerichtet hat, so will auch die Eucharistie den gesamten Kosmos mit einschließen, wenn Christus „heute" unter uns ist und an uns wirkt.

Ein wichtiges Bild ist dabei das Erheben der Gaben. Durch diesen Gestus werden die irdischen Gaben in den Bereich Gottes hineingehalten. Wir bekennen, daß alles von Gott kommt und alles Gott gehört. Wir preisen Gott für die guten Gaben, die er uns täglich schenkt und in denen wir seine fürsorgende Güte leibhaft erfahren dürfen. Aber wir appellieren mit diesem Hochheben auch an Gott, daß er Sorge tragen möge, daß seine heilende und befreiende Kraft sich auch heute auf seine ganze Schöpfung auswirken und seine Versöhnung die Entzweiten zusammenführen möge. In den Gaben halten wir unser Leben in den Bereich Gottes. Nur von Gott her wird unser Leben heil und ganz.

Bei der Gabenbereitung ist ein kleiner Ritus vorgesehen, den viele übersehen. Der Priester gießt Wein und ein wenig Wasser in den Kelch und spricht dazu: „Wie das Wasser sich mit dem Wein verbindet zum heiligen Zeichen, so lasse uns dieser Kelch teilhaben an der Gottheit Christi, der unsere Menschennatur angenommen hat." Die Vermischung von Wein und Wasser weist also auf die Menschwerdung Gottes in Jesus Christus hin. Wie Gott die menschliche Natur angenommen hat, so werden wir durch die Eucharistie Anteil erhalten an der göttlichen Natur. Wir werden mit Gott eins, so wie Wasser und Wein ununterscheidbar eins geworden sind. Man kann Wasser und Wein nicht mehr voneinander trennen. Genauso wenig können wir in uns Göttliches und Menschliches voneinander scheiden. Riten der Mischung gibt es in allen Kulten. In ihnen wird ausgedrückt, daß das Getrennte sich vereinigt, daß die ursprüngliche Einheit des Paradieses wieder hergestellt wird. Da gibt es keine Entzweiung mehr. Da lagern Wolf und Lamm, Löwe und Rind beisammen (vgl. Jes 11,6ff.). So wie die Mischung von Wasser und Wein nicht mehr rückgängig gemacht werden kann, so kann die Vereinigung zwischen Gott und Mensch in Jesus Christus und – durch ihn auch in uns – nicht mehr aufgehoben werden. Ignatius von Antiochien († 110) schreibt: „Wir sind seinem Fleisch und Geist vermischt." Und Kyrillos von Alexandrien († 444) sagt: „Wir werden, wenn auch verweslich der Fleischesnatur nach, durch die Mischung die eigene

Gebrechlichkeit verlieren und in das Eigentümliche jener (Christus-Natur) umgewandelt." (Kirchgässner 469) So zeigt der kleine Ritus der Mischung von Wein und Wasser, wie ernst wir die Menschwerdung, die Fleischwerdung Gottes in der Eucharistie nehmen. Sie schenkt uns ein neues Daseinsgefühl. Denn zu wissen, daß Gottes Leben und Liebe in mir fließen und nicht mehr von mir getrennt werden können, gibt mir ein Gespür für meine Würde als Christ.

Das Hochgebet

Nach der Gabenbereitung beginnt mit dem Hochgebet das eigentliche Zentrum der Eucharistiefeier. Es wird eingeleitet von der Präfation, einem Loblied auf Gottes erlösendes Handeln an uns. Auf die Präfation antwortet die Gemeinde mit dem Gesang des „Sanctus", des „Dreimalheilig". Darin stimmt sie ein in den Lobgesang der Engel. Hier wird deutlich, daß die feiernde Gemeinde nicht unter sich bleibt, sondern daß sich da ein Fenster öffnet zum Himmel, daß sie teilhat an der himmlischen Liturgie. Für mich ist es immer erhebend, wenn wir in der Abtei als Concelebranten um den Altar stehen und das „Sanctus" singen. Da habe ich das Gefühl, daß ich es gemeinsam mit allen Mitbrüdern singe, die hier einmal gelebt und Gott gelobt haben, daß sich da der Himmel über uns öffnet, daß Himmel und Erde einander berühren.

Dann spricht der Priester das Hochgebet, für das es verschiedene Fassungen gibt. Das Hochgebet setzt im ersten Teil (dem Postsanctus) den Lobpreis der Präfation fort. Dann wird in der „Epiklese" der Heilige Geist auf die Gaben von Brot und Wein herabgerufen, damit er sie in den Leib und das Blut Christi verwandle. Der Priester streckt dabei seine Hände über die Gaben aus, um auszudrücken, daß der lebenspendende Gottesgeist über Brot und Wein ausgegossen wird, um sie in den Leib und das Blut Jesu Christi zu verwandeln. Darauf folgen die Einsetzungsworte, die immer in der Weise formuliert werden, wie sie uns die Evangelisten und Paulus überliefert haben. Nach den Einsetzungsworten erhebt der Priester jeweils die Hostie und den Kelch mit Wein, um sie allen zu zeigen. Alle sollen um das Geheimnis wissen, daß Christus unter uns ist. Und alle sollen auf ihn schauen. „Das Leben ist uns erschienen." (1 Joh 1,2) Dieser Satz aus dem 1. Johannesbrief wird hier Wirklichkeit. Seit jeher hat der Zeigeritus den Sinn, am Geheimnis des Angeschauten Anteil zu haben. Die Israeliten wurden von ihren Schlangenbissen geheilt, als sie auf die Eherne Schlange blickten. Vom Anschauen der Hostie erhofften sich die Gläubigen heilende Wirkung für die eigenen Wunden. Im Zeigen der Hostie wurde der Psalmvers Wirklichkeit: „Zeige uns dein Angesicht, und wir sind gerettet." (Ps 80,4) Auf das Erheben antwortet der Priester jeweils mit einer Kniebeuge, in der er anbetend vor dem Geheimnis der Liebe Gottes niederfällt, die in Jesus Christus jetzt in diesem Augenblick für uns aufstrahlt. Und die Gemeinde antwortet auf den Ruf des Priesters: „Geheimnis des Glaubens" mit den Worten: „Deinen Tod, o Herr, verkünden wir, und deine Auferstehung preisen wir, bis du kommst in Herrlichkeit."

Auf den Einsetzungsbericht folgt die sogenannte Anamnese, ein Gebet, in dem aller erlösenden und befreienden Taten Gottes in Jesus Christus gedacht wird, in dem vor allem an den Tod, die Auferstehung und Himmelfahrt Jesu erinnert wird. Alles, was Gott in Jesus Christus getan hat, wird jetzt unter uns und für uns gegenwärtig. Es soll an uns und an der ganzen Welt seine heilende, befreiende und erlösende Wirkung entfalten. Auf dieses Gebet folgen nun Fürbitten für die Kirche, für die versammelte Gemeinschaft und für die Verstorbenen, mit denen sich die Gemeinde verbunden weiß. Dann schließt das Hochgebet mit dem Lobpreis, der „Doxologie". Dabei hebt der Priester die Gaben von Brot und Wein hoch. Dadurch wird deutlich, daß Christus selbst der eigentlich Feiernde und Betende ist. Durch Christus wird Gott alle Herrlichkeit und Ehre zuteil. Früher hat der Priester die Hostie über den erhobenen Kelch gehalten. Das hatte eine tiefe Bedeutung. Daher halte ich mich an diesen ehrwürdigen Ritus. Die runde Hostie ist Bild der Sonne, die in der Auferstehung für immer über alle Finsternis gesiegt hat. Der Kelch mit dem Blut Jesu symbolisiert zum einen die Abgründe der Seele, über denen die Sonne aufleuchtet, und die vielen Tode, die durch die Auferstehung verwandelt werden. Zum andern ist der Kelch ein Bild für die mütterliche Erde, aus der Christus als Sonne aufsteigt. So wird in diesem kleinen Ritus das Geheimnis der Auferstehung ausgedrückt. Die Frauen kamen am Auferstehungsmorgen zum Grab, „als eben die Sonne aufging" (Mk 16,2). In der Auferstehung ist Christus als die wahre Sonne aufgegangen. „Das Volk, das im Dunkel lebte, hat ein helles Licht gesehen; denen, die im Schattenreich des Todes wohnten, ist ein Licht erschienen." (Mt 4,16) Die Sonne Christi leuchtet gerade über den vielen Gräbern auf, in denen wir hausen, über dem Grab unserer Angst, unserer Resignation, unserer

Depression. In dem auferstandenen Herrn wird Gott alle
Ehre und Herrlichkeit zuteil. Und durch ihn und in ihm
haben wir selbst teil an der Herrlichkeit Gottes.

Die Kommunionfeier

Das Vaterunser leitet schon zur Kommunionfeier über. Die
Kirchenväter weisen bei ihrer Erklärung, warum das Vaterunser gerade vor der Kommunion gebetet wird, vor allem
auf die beiden Bitten: „Unser tägliches Brot gib uns heute"
und „Vergib uns unsere Schuld, wie auch wir vergeben unseren Schuldigern" hin. Das eucharistische Brot – so meinen
die Kirchenväter seit Origines – ist das Brot, das unserer geistigen Natur angemessen ist. Die Vergebungsbitte deutet
Augustinus als das Waschen des Gesichtes, bevor man zum
Altare tritt. In unserer Abtei beten nicht nur die Priester,
sondern alle Mönche das Gebet des Herrn mit einer Gebets-
gebärde entweder mit erhobenen Händen oder mit zur Schale geöffneten Händen. Und viele Gläubige schließen sich
diesen Gebärden an. Natürlich braucht es da immer Sensibi-
lität, um die Gottesdienstbesucher zu einer Gebärde einzu-
laden. Denn Gebärden flößen manchen Angst ein. Da müßten sie ja Gefühle zeigen. Der einzelne muß sich immer frei
fühlen, und er darf nicht überrumpelt werden. Aber wenn
Gebärden in der Liturgie für alle möglich sind, entfalten sie
eine Kraft und geben dem Gottesdienst eine ungeahnte
Dichte und Tiefe. Dann können wir uns vorstellen, daß
durch unsere geöffneten Hände der Geist Jesu hineinströmt
in unsere Welt und sie mit Seiner Liebe durchdringt.

Nach dem Vaterunser betet der Priester um den Frieden in der Welt und lädt alle zum Friedensgruß ein. Auch hier braucht es Behutsamkeit und Achtung vor den Hemmungen, die manche haben, um aufeinander zuzugehen. In Gruppengottesdiensten besteht manchmal die Gefahr, daß alle vereinnahmt werden durch einen gewissen Gruppendruck, jeden zu umarmen und jedem den Frieden zu wünschen. Aber der Friedensgruß kann auf gute Weise zum Ausdruck bringen, daß wir gemeinsam das hl. Mahl feiern und daß wir einander annehmen müssen, wenn wir in der Kommunion mit Christus und untereinander eins werden wollen. Auf den Friedensgruß folgt das Brechen des Brotes. Oft nehmen die Gläubigen diese kleine Handlung des Priesters gar nicht wahr. Und doch ist dieser Ritus wichtig. Die frühen Christen nannten die Eucharistiefeier häufig nur das Brotbrechen. Wenn das Brot gebrochen wird, ist das ein Bild dafür, daß Christus sich für uns am Kreuz zerbrechen ließ, damit wir an unserem Leben nicht mehr zerbrechen. Er hat sich für uns aufgebrochen, um das Gebrochene in uns zu heilen und die Bruchstücke unseres Lebens neu zusammen zu fügen. Das Brotbrechen erinnert uns daran, daß wir selbst gebrochene und verwundete Menschen sind, daß aber über unserer Gebrochenheit der Auferstandene steht, der alles heil und ganz macht.

Nach dem Brotbrechen taucht der Priester ein kleines Stück der Hostie in den Kelch. Für die Alten war das ein Bild für die Auferstehung Christi. Wenn Leib und Blut Bilder für die Hingabe Jesu am Kreuz sind, dann symbolisiert das Eintauchen des Brotes in den Wein das Zusammenkommen von

Leib und Blut Jesu in der Auferstehung. Für mich ist das ein schönes Bild, daß die Brüche meines Lebens geheilt werden, wenn sie eingetaucht werden in die Liebe Christi, von der der Kelch voll ist. Mein Leben wird wieder ganz, wenn es hineingehalten wird in das Blut Jesu, der für mich gestorben und auferstanden ist. Die Kirchenväter bezeichnen das Brot, das in den Wein getaucht wird, als „fermentum", als „Sauerteig". Sie sehen in diesem kleinen Ritus ein Symbol dafür, daß die irdische und die himmlische Natur in Christus miteinander eins werden. So beten die syrischen Jakobiten bei diesem Ritus: „Du hast vermischt, Herr, deine Gottheit mit unserer Menschheit und unsere Menschheit mit deiner Gottheit, dein Leben mit unserer Sterblichkeit ... du nahmst an, was unser war, und hast uns das Deine gegeben zum Leben und zum Heil unserer Seele." (Kirchgässner 484)

Die Verbindung von Brot und Wein weist auch hin auf das Einswerden von Mann und Frau. Brot ist für C. G. Jung weiblich und Wein männlich. So wird in diesem kleinen Ritus unsere Sehnsucht nach Einswerdung, nach der heiligen Hochzeit ausgedrückt, in der anima und animus sich nicht mehr bekämpfen, sondern sich einander befruchten und eins werden in der Einheit, zu der Gott uns geschaffen hat. Brot und Wein stehen für das Feste und Flüssige, für alle Gegensätze dieser Welt. Im Eintauchen werden sie eins. So kann in uns alles eins werden, was sich oft genug bekämpft. Daher nennt die Basilius-Liturgie die Mischung von Brot und Wein „heilige Einung".

Dann hält der Priester die Hostie hoch mit den Worten: „Seht das Lamm Gottes, das hinwegnimmt die Sünde der

Welt." Es ist das Wort, mit dem Johannes der Täufer seine
Jünger auf Christus hinweist. Der Priester zeigt in dem Brot
auf Christus, den Erlöser und Befreier, der uns bis zum Ende
geliebt hat. Es ist ein Wort, das mich einlädt, so wie ich bin,
zu Christus aufzuschauen und in ihm meine Heilung zu
erfahren. Auch meine Sünden und meine Schuldgefühle dürfen kein Hindernis sein, die Liebe Gottes jetzt in der Kommunion leibhaft zu erfahren. Ich höre bei diesem Verweis auf
das Lamm Gottes immer auch die Worte mit, mit denen
Johannes sein Zeugnis für Jesus beendet: „Das habe ich gesehen und ich bezeuge: Er ist der Sohn Gottes." (Joh 1,34) Alle
antworten mit den Worten, die der Hauptmann zu Jesus
gesprochen hat, als er seinen Sohn heilen wollte: „Herr, ich
bin nicht würdig." Viele haben mit diesem Satz Probleme.
Sie assoziieren damit all die Erlebnisse, in denen sie von
Eltern oder von der Kirche „klein" gemacht worden sind.
Ich kann diese Menschen gut verstehen. Aber ich tue mich
schwer, wegen dieser negativen Assoziationen das Bibelwort
wegzulassen. Ein evangelischer Christ meinte bei einer Dis-
kussion über dieses Wort, ihm sei das überhaupt das liebste
Wort in der katholischen Eucharistiefeier. Wir sollen uns in
diesem Wort nicht klein machen, sondern ein Gespür für das
Geheimnis der Kommunion bekommen, daß wir als Menschen den Sohn Gottes bei uns eintreten lassen. Es ist nicht
das kleine Stück Brot, das manche heute recht achtlos zu sich
nehmen. Es ist Christus selbst, der da zu mir kommt, um mich
zu heilen. Der Hauptmann, der so zu Jesus sprach, ernie-
drigte sich damit nicht. Im Gegenteil, er strotzte vor Selbst-
bewußtsein. Er erklärte Jesus, daß er Soldaten unter sich

habe. „Sage ich nun zu einem: Geh!, so geht er, und zu einem andern: Komm!, so kommt er." (Mt 8,9) Doch zugleich hatte er ein Gespür dafür, daß es eine Ehre sei, wenn Jesus zu ihm komme. Er fühlte, daß er es nicht wert war, daß Jesus sein Haus betrete, und daß es genügend würde, wenn Jesus nur ein einfaches Wort spräche. Dann würde „sein Diener gesund" (Mt 8,8). Die Liturgie hat das Wort „Diener" zu „meine Seele" geändert. Die Seele dient dem Leben. Wenn unsere Seele krank ist, ist der ganze Mensch davon beeinträchtigt. Die Worte, mit denen wir auf die Einladung des Priesters antworten, sind also einmal Ausdruck der Ehrfurcht vor Jesus Christus, der zu uns kommt und bei uns eintritt. Zum andern drücken wir darin unser Vertrauen aus, daß Jesus in der Kommunion unsere Seele heilen wird, daß wir durch die Begegnung mit Jesus von unserer Zerrissenheit befreit und heil und ganz werden, daß unsere Wunden durch das Einswerden mit Christus verwandelt werden.

Dann teilen der Priester und die Kommunionhelferinnen und -helfer die Kommunion aus. Es ist wichtig, daß die Kommunion wirklich zu einer Begegnung mit Christus wird. Daher hält der Priester die Hostie jedem einzelnen vor die Augen und spricht dazu: „Der Leib Christi". Der Kommunizierende soll in diesem Stück Brot Christus selbst erkennen, der in sein Haus eintritt, um ihn im Innersten zu heilen. Cyrillus von Jerusalem hat im 4. Jahrhundert beschrieben, in welcher Haltung wir die Kommunion empfangen sollen: „Wenn du nun hingehst, so gehe nicht hin so, daß du die flachen Hände ausstreckst oder die Finger auseinander spreizest, sondern mache die linke Hand zu einem

Thron für die Rechte, die den König empfangen soll, und
dann mache die flache Hand hohl und nimm den Leib Christi in Empfang und sage das Amen dazu. Dann heilige mit
aller Sorgfalt deine Augen durch die Berührung des heiligen
Leibes und empfange ihn." (Jungmann 469) Es ist ein ehrfürchtiger Gestus, Christus mit seiner Hand zu empfangen.
Ja, im 4. Jahrhundert berührte man mit dem Leib Christi
auch die Augen. Und wenn die Lippen nach Empfang des
Blutes Christi noch feucht waren, berührte man sie mit den
Händen und heiligte damit die Augen, die Stirne und alle
Sinne. In dem Ritus der Kommunion erfuhren die Christen
damals, daß Jesus auch ihre blinden Augen berührt, damit sie
sehend werden, daß Jesus ihren Mund und ihre Ohren öffnet, damit sie richtig sprechen und hören können. Es war
eine sinnliche Begegnung mit Jesus Christus.

Wegen der Ansteckungsgefahr hat man im Mittelalter
auf die Kelchkommunion für alle verzichtet. Allerdings gab
es auch andere Wege, sich gegen die Gefahr der Ansteckung
zu schützen. Mancherorts tauchte man das Brot in den Kelch.
In Rom gab es Saugröhrchen, mit denen man aus dem Kelch
trank. Wo es angebracht ist, sollte man heute den Kelch wieder allen reichen, etwa bei Gruppengottesdiensten, bei der
Trauung, beim Werktagsgottesdienst, am Gründonnerstag
und an Fronleichnam. Im Blut Christi trinken wir die
menschgewordene Liebe Gottes, damit sie unseren ganzen
Leib durchdringt und uns mit dem Geschmack der Liebe
erfüllt. Ich kann mir dann vorstellen, daß Christi heilende
Kraft in alle Verletzungen und Kränkungen meines Leibes
und meiner Seele hineinfließt. Oder ich kann mir das Wort

aus dem Hohenlied vorsagen: „Süßer als Wein ist deine Liebe." (Hdl 4,10) Dann kann ich diese Liebe Christi leibhaft erfahren.

Der Priester kann nach dem Gebet der Gläubigen noch ein Wort hinzufügen, z. B. „Wer von diesem Brot ißt, wird in Ewigkeit leben." Für mich ist es sinnvoll, bei der Kommunion ein Wort aus dem Evangelium zu wiederholen. Dann wird sichtbar, daß das, was im Evangelium beschrieben wird, jetzt an uns geschieht. Wenn da eine Heilungsgeschichte erzählt wird, kann ich sagen: „Ich will sei rein!", oder „Jesus sagte zu dem Gelähmten: Steh auf, nimm dein Bett und geh!" Beim Reichen des Kelches kann ich auf die Heilung der blutflüssigen Frau (Mk 5,25-34) Bezug nehmen: „Das Blut Christi, damit Du nicht verblutest." Oder: „Das Blut Christi heile Deine Wunden." Oder ich kann ein Wort aus einem Gleichnis nehmen, das den Kommunionempfang unter einem ganz bestimmten Bild sieht. Dann wird die Kommunion nicht nur der immer gleiche Mahlritus sein, sondern Jesus wird mir jeweils unter einem andern Bild begegnen und an mir wirken. Dann kann ich erfahren, daß er an mir heute genauso handelt wie an den Kranken und Sündern zu seiner Zeit und daß ich in der Kommunion sein fleischgewordenes Wort in mich aufnehme, damit es in der Tiefe meines Herzens Leib und Seele in gleicher Weise verwandle.

Nach der Kommunion ist es angemessen, eine Zeit der Stille zu halten, damit das Einswerden mit Christus auch im Herzen ankommen und mit allen Sinnen vollzogen werden kann. Die Stille kann Raum geben zu einer persönlichen Zwiesprache mit Christus, der jetzt in uns ist. Sie kann auch einfach ein Nachklingen dessen sein, was wir gefeiert haben, ein Eindringen von Leib und Blut Christi in den ganzen Leib und in alle Abgründe meiner Seele hinein. Es ist ein achtsames Sichhineinspüren in das Geheimnis der Kommunion, daß Gott jetzt ununterschieden eins mit mir geworden ist. Was Gott da an mir getan hat, das muß ich für mich in meinem Leben verwirklichen. Wenn Gott mit mir eins geworden ist, dann kann auch ich mit mir und meinem Leben einverstanden sein und mit mir in Einklang kommen. Und wenn Christus in uns allen ist, dann muß ich auch versuchen, in meinem Innern allen gegenüber wohlwollend zu werden und mich mit ihnen eins zu fühlen.

Entlassung

Schlußgebet + Segen + Entlassung der G.

Nach einer angemessenen Zeit der Stille betet der Priester das Schlußgebet, gibt der Gemeinde den Segen und entläßt sie dann in Frieden. Die Gläubigen sollen als Gesegnete in ihren Alltag zurückkehren und dort selbst zu einer Quelle des Segens und des Friedens werden. Durch sie soll der Friede Christi in diese Welt kommen. Sie haben die Eucharistie nicht nur für sich gefeiert, sondern sie sind nun „Gesandte", um an Christi Statt zu verkünden: „Laßt euch mit Gott versöhnen!" (2 Kor 5,20) In einer Gruppenmesse lade ich manchmal die Teilnehmer ein, einander den Segen zu geben, und zwar indem sie dem Nachbarn ein Kreuz in die Handfläche zeichnen und dazu einen Segenswunsch sprechen. Die Hand mit ihren verschiedenen Linien ist Bild für unser Leben. Wer in der Hand lesen kann, kann die Wahrheit eines Menschen erkennen. In diese uns eingeschriebenen Linien zeichnen wir das Kreuz ein, um zu bekennen, daß alle Linien von der Liebe Gottes umfangen sind, daß Gott alle Wege zu Wegen des Heiles verwandeln kann und daß Gott seine gute Hand schützend und heilend über uns hält, daß wir von Gottes Hand getragen und in Seiner Hand geborgen sind.

Genauso sorgfältig wie die Eucharistiefeier begonnen wird, wird sie auch beschlossen. Die Riten zur Beendigung sind wie der Schlüssel, der umgedreht wird, damit die Türe wirklich abgeschlossen ist und die Teilnehmer „fertig" sind. „Fertig" heißt ursprünglich: „zum Ausfahren gerüstet". Die Eucharistie wird mit dem Segen abgeschlossen, damit die Feiernden als Gesegnete in ihren Alltag zurückkehren können. Und sie werden mit dem Gruß entlassen: „Gehet hin in Frieden!" Der Friede Gottes, den sie in der Eucharistie erfahren haben, soll sie auf ihrem Weg begleiten. Sie sollen nicht ungeschützt in ihren Alltag zurückkehren. „Keiner soll wieder ganz draußen sein, der einmal drinnen war und an den Geheimnissen teilgenommen hat."(Kirchgässner 424) Der Priester küßt nochmals den Altar, um die Kraft des Altares mit auf den Weg zu nehmen und sich nochmals liebend von Christus zu verabschieden. Die Liebe Jesu, die auf dem Altar gefeiert worden ist, soll nun sein Reden und Handeln prägen und in alle seine Begegnungen einfließen. Die Gemeinde verabschiedet sich entweder singend oder hörend, indem sie dem Orgelspiel zum Auszug lauscht. Viele bleiben noch schweigend sitzen, damit das Geheimnis der heiligen Feier ihren Leib und ihre Seele durchdringt, damit sie wirklich anders hinausschreiten können, als sie eingetreten sind, damit sie als Verwandelte nun auch ihren Alltag zu wandeln vermögen.

III. Leben aus der Eucharistie

Als Priester bedeutet es mir sehr viel, möglichst jeden Tag die Eucharistie zu feiern. Es wird für mich nie langweilig. Es ist immer ein Geheimnis, daß Brot und Wein in Leib und Blut Christi verwandelt werden und daß ich in der Kommunion eins werden darf mit Christus. Es ist mir ein Bedürfnis, die Eucharistie zu feiern als Einübung in meinen Alltag, um den Alltag von diesem Zentrum meines Glaubens her zu leben. Was die Eucharistie in meinem Alltag bewirkt und wie sie ihn verwandelt, das kann ich schlecht beschreiben. Aber die Eucharistie ist wie eine tägliche Oase, in der ich aus der Quelle des Lebens trinken kann. Sie ist die tägliche Speise, die mir Kraft gibt für die Anforderungen des Alltags.

Leben aus den Worten der Eucharistie

Jeder wird auf andere Weise aus der Eucharistie leben. Für manche ist es wichtig, daß sie die Lesungen der Eucharistiefeier meditieren und sich jeden Tag einen Satz herausnehmen, der sie dann tagsüber begleitet. Hier sind es also vor allem die Worte, die aus der Eucharistiefeier in den Alltag hinübergerettet werden und die das Leben dann prägen. Die Worte sind wie eine Brille, mit der ich alles, was geschehen wird, betrachte. Aber die Worte, die in der Eucharistiefeier gehört werden, sind mehr als zufällige Bibelworte, die ich meditiere. Sie sind die Worte, die heute überall auf der Welt verkündet werden. Und es sind Worte, die durch die Fleischwerdung des Wortes in der Eucharistie an Gewicht gewonnen haben. Sie sind im Fleisch und Blut Jesu konkret geworden. Ich habe sie nicht nur mit den Ohren gehört, sondern sie gegessen und getrunken, ich habe sie mir einverleibt.

Ich bin mit ihnen eins geworden. Die Worte wollen sich nun auch in meinen Alltag hinein inkarnieren, einfleischen, damit sich mein Alltag verwandelt.

Leben aus der Kommunion

Andere leben eher aus der Erfahrung der Kommunion. Für sie ist wichtig, daß sie auch während des Tages daran denken, daß sie nicht alleine ihren Weg gehen, sondern daß Christus in ihnen ist als die eigentliche Quelle des Lebens und der Liebe. Sie erinnern sich immer wieder daran, daß sie mit Christus eins geworden sind, daß sie aus der innigen Beziehung zu ihm heraus leben. Und sie sehen diesen Christus nicht nur in sich selbst, sondern auch in ihren Brüdern und Schwestern. Sie gehen daher anders mit ihnen um. Sie glauben daran, daß sie überall Christus begegnen. In der Kommunion sind sie auch eins geworden mit allen Menschen, für die Christus gestorben ist und die er mit seiner Liebe umgibt. Die Erinnerung an die Eucharistie kann mitten in die alltäglichen Konflikte hinein die Ahnung vermitteln, daß in jedem ein guter Kern ist, daß jeder sich danach sehnt, dem Christus in sich ähnlich zu werden, und daß letztlich jeder an den Konflikten leidet. Der Glaube an Christus im anderen hilft ihnen, an das Gute in den andern zu glauben und es aus ihnen hervorzulocken.

Der Altar des Alltags

Für andere ist der Gedanke wichtig, daß der Altar, auf dem ihre eigentliche Hingabe geschieht, ihr Alltag ist. Was sie auf dem Altar in der Kirche gefeiert haben, die Hingabe Jesu für sie und die eigene Hingabe an Gott, das verwirklichen sie in der Treue, mit der sie ihre alltäglichen Pflichten erfüllen, mit der sie sich auf ihren Beruf einlassen und mit der sie den Menschen dienen, für die sie in der Familie, im Betrieb oder in der Gemeinde die Verantwortung übernommen haben. Ihre Arbeit ist dann auch eine Art Gottesdienst, die Fortsetzung der Eucharistie. In jeder Arbeit geht es letztlich um Hingabe und Opfer. Wir geben uns einem Werk oder einem Dienst hin. Wir opfern unsere Kraft und Aufmerksamkeit den Menschen und Dingen. In der alltäglichen Arbeit wird das Opfer des Altares fortgesetzt und in unsere Welt hinein verlängert. Und es ist oft schwieriger, das Opfer der Hingabe auf dem Altar unseres Alltags, unserer täglichen Konflikte und Enttäuschungen zu vollziehen, als es im hohen Dom unter feierlichen Gesängen zu feiern.

In der Arbeit geht es darum, daß diese Welt verwandelt wird, daß sie mehr und mehr für Christus durchlässig wird und die Menschen Christus in ihr erkennen können. Sie sprechen gleichsam die Worte der Epiklese, die in der Eucharistie über Brot und Wein gesprochen wurden, über ihre Arbeit, über ihre Besprechungen, über ihren Schreibtisch, über ihren Haushalt: „Sende deinen Geist auf diese Gaben herab und heilige sie, damit sie uns werden Leib und Blut deines Sohnes, unseres Herrn Jesus Christus." Der Hl. Geist, der Brot und Wein in Leib und Blut Christi verwandelt hat, verwandelt auch ihren Alltag. Über alles, was sie in die Hand nehmen, können sie sprechen: „Das ist mein Leib. Das ist mein Blut." In allem begegnen sie Christus als dem Urgrund allen Seins.

Die Verwandlung unseres Alltags durch die Eucharistie verlangt auch einen anderen Umgang mit den Dingen, mit den Menschen, mit der Schöpfung. Die gleiche Ehrfurcht, mit der wir Christus in der Kommunion empfangen haben, erweisen wir dann den Menschen, denen wir begegnen. Auch in ihnen will Christus selbst in uns eintreten. Der hl. Benedikt hat aus dieser eucharistischen Frömmigkeit heraus gelebt, wenn er vom Cellerar fordert, daß er alle Geräte des Klosters wie heilige Altargeräte behandeln solle. Er soll achtsam mit ihnen umgehen, genauso achtsam wie mit dem Leib und Blut Christi in der Eucharistie. In allem, was wir berühren, betasten wir letztlich die Liebe Christi, die durch die ganze Schöpfung fließt.

Eucharistiefeier und die täglichen Mahlzeiten

Wer die Eucharistie ernst nimmt, der wird auch auf andere Weise Mahl halten. In jedem Mahl leuchtet etwas vom Geheimnis der Eucharistie auf. Was wir essen, sind Gaben Gottes an uns, durchtränkt von Seinem Geist, von Seiner Liebe. Daher braucht es das achtsame Essen. Jede Mahlzeit ist letztlich Feier der Liebe Gottes. Gott sorgt für uns und Er liebt uns. Wenn wir Brot bewußt langsam kauen, werden wir den guten Geschmack erst richtig wahrnehmen. Und in diesem Schmecken können wir etwas erahnen von der Liebe Gottes, die unserem Leben einen neuen Geschmack schenkt. Essen ist von den Menschen immer als Geheimnis angesehen worden. Daher gipfelt das Essen in der heiligen Mahlzeit. Und von den heiligen Mahlzeiten fällt ein Licht auf das alltägliche Essen. Essen ist mehr als das Stillen unseres Hungers. Wir schlingen keine bloßen Sättigungsmittel in uns hinein, sondern wir essen Lebensmittel, etwas, das uns Leben vermittelt, worin wir etwas von dem Leben spüren, das Gott uns schenkt. Der hl. Benedikt hat auch die Mahlzeiten der Mönche ritualisiert. Sie sind wie eine Agape, Fortsetzung des Liebesmahles, das Christus mit seinen Jüngern gehalten hat. Das kommt zum Ausdruck im Gebet vor und nach dem Essen, aber auch in der Tischlesung, in der wir zu den Gaben Gottes auch Gottes Wort hören, das uns daran erinnert, daß alles von Gott kommt und alles von Gottes Geist erfüllt ist.

Eucharistische Anbetung

Für manche ist die eucharistische Anbetung der Weg, aus der Eucharistie zu leben. Sie ziehen sich tagsüber in eine Kirche zurück und knien vor dem Tabernakel nieder. Sie glauben daran, daß im eucharistischen Brot, das im Tabernakel aufbewahrt wird, Christus selbst ist. Sie meditieren sich in seine Liebe hinein, mit der er sich für uns hingegeben hat. Das eucharistische Brot erinnert sie an die Liebe, mit der sie Jesus am Kreuz bis zur Vollendung geliebt hat. Und sie halten dann in diese Liebe ihren Alltag hinein, mit ihren Konflikten, mit ihren Aggressionen, mit ihrer Unzufriedenheit, mit ihren Verletzungen und ihrer Enttäuschung. Dann dürfen sie manchmal erfahren, wie sich ihr Alltag verwandelt und ihre trüben Emotionen sich klären.

In vielen Kirchen wird eucharistische Anbetung gehalten, indem das eucharistische Brot in der Monstranz gezeigt wird. Anbetung heißt, daß ich auf die runde Hostie schaue und daran glaube, daß sie Christus selbst ist. Im Schauen auf die Hostie erahne ich, daß nicht nur dieses Brot in den Leib Christi verwandelt ist, sondern daß die Verwandlung die ganze Welt umfaßt. Christus ist die innerste Mitte aller Wirklichkeit geworden. Indem ich auf das verwandelte Brot schaue, schaue ich mit neuen Augen in diese Welt. Überall erkenne ich Christus als den eigentlichen Grund. Und alles weiß ich von Seiner Liebe durchdrungen.

Diese Erfahrung war für Teilhard de Chardin, den französischen Jesuiten und Naturforscher, entscheidend. In der Anbetung hat er erfahren, daß Christus von der Hostie her die ganze Welt mit seiner Liebe durchdringt. Wenn ich in der Anbetung ganz eins werde mit der Hostie, auf die ich schaue, dann ahne ich auch, daß Christus in mir ist. Und ich versuche, mir dann vorzustellen, daß Er nun alle Kammern meines Lebenshauses durchdringt, auch die, in denen sich der Ärger eingenistet hat oder die verstellt sind vom Müll des alltäglichen Durcheinanders. Eucharistische Anbetung ist eine Liturgie des Herzens. Sie setzt fort, was wir in der Eucharistie gemeinsam gefeiert haben. Sie geht wesentlich über das Schauen. Im Schauen auf die Hostie üben wir einen neuen Blick ein für die Wirklichkeit unseres Lebens.

Erinnerungszeichen für die Eucharistie

In der geistlichen Tradition gibt es viele Erinnerungshilfen, um aus dem Geheimnis der Eucharistie zu leben. Da sind einmal die Kirchenglocken, die zur Eucharistie einladen. Viele, die keine Zeit haben, werktags in die hl. Messe zu gehen, werden durch die Kirchenglocken daran erinnert. Und diese Erinnerung verändert schon ihren Alltag. Bei uns läuten die Glocken auch während der Wandlung. Das ist für viele eine Aufforderung, kurz inne zu halten und daran zu glauben, daß die Wandlung in der Eucharistiefeier nun auch ihren konkreten Alltag verwandelt. Andere werden durch jede Kirche, an der sie vorbeigehen oder vorbeifahren, an die Eucharistie erinnert. Für mich war es jedes Mal beeindruckend, wenn mein Vater immer, wenn er an einer Kirche vorbeiging, den Hut zog. Das war Ausdruck der Ehrfurcht vor der Eucharistie, die in dieser Kirche täglich gefeiert wurde. In der spirituellen Tradition gab es die Übung der geistigen Erneuerung der Eucharistie. Wenn man keine Gelegenheit hat, an der Eucharistie teilzunehmen, versetzte man sich geistig in die Feier der hl. Messe, um sein Leben von der Eucharistie her zu heiligen und sich mit Christus Gott hinzugeben. Das Ziel dieser Übung war es, den Alltag als Eucharistie zu verstehen, als Danksagung Gott gegenüber und als Hingabe an Gott. Entscheidend ist bei all diesen Erinnerungshilfen, daß die Eucharistie nicht auf die kurze Feier beschränkt bleibt, sondern sich in unser ganzes Leben hinein auswirkt, daß sie alles in uns und um uns herum verwandelt und wir überall der Liebe begegnen, mit der Christus uns bis zur Vollendung geliebt hat.

Eucharistie – heiliges Schauspiel

In der Eucharistie feiern wir das Zentrum unseres Glaubens. Das heißt aber auch, daß sich darin alle Probleme unseres Glaubens und unsere Schwierigkeiten im Miteinander verdichten. Es geht nicht um ein wenig Kosmetik, daß wir die Eucharistie ansprechender gestalten. Es geht vielmehr darum, wie wir unseren Glauben heute so ausdrücken können, daß wir uns selbst und unsere Sehnsucht darin wiederfinden und daß wir Jesus Christus erfahren als unseren Erlöser und Heiland, als unseren Befreier und als den, der uns den Sinn unseres Lebens erschließt. Die Eucharistie ist ein heiliges Spiel. Aber wie können wir es so spielen, daß es den heutigen Menschen erreicht? Wir sollen die Eucharistie nicht dem Zeitgeschmack anpassen. Gerade das Fremde und Sperrige kann heute den Menschen durchaus ansprechen, wenn es nur angemessen und achtsam dargestellt wird.

Der Evangelist Lukas, als Grieche fasziniert von Theater und Schauspiel, hat den Tod Jesu am Kreuz, der in jeder Eucharistie gefeiert wird, als heiliges Schauspiel bezeichnet. Die Wirkung dieses Schauspiels war, daß die Menschen in ihrem Herzen angerührt wurden und in ihrem Inneren eine intensive Umkehr erlebten: „Alle, die zu diesem Schauspiel herbeigeströmt waren und sahen, was sich ereignet hatte, schlugen sich an die Brust und gingen betroffen weg (oder: kehrten um)." (Lk 23,48) Es käme darauf an, daß wir das heilige Spiel der Eucharistie heute so spielen, daß die in der Kirche zusammengeströmten Menschen – oft genug nur Zuschauer – betroffen reagieren und anders nach Hause gehen, als Menschen, die gespürt haben, wer dieser Jesus Christus ist, daß er ihnen wahres Leben schenkt und ihre Wunden heilt, daß er sie aufrichtet und ihnen einen Weg zeigt, wie sie sinnvoll auf dieser Welt leben könnten. Wir dürfen nicht von jeder Eucharistiefeier erwarten, daß wir zutiefst betroffen werden. Aber die Ahnung, daß da das Geheimnis Gottes und des Menschen gefeiert wird, müßte in jeder Eucharistie zu spüren sein. Dann wird die Feier der Eucharistie – so sieht es der Grieche Lukas – dazu beitragen, das Heil Jesu Christi in diese unheile Welt zu bringen. Wir werden aufrechter aus der hl. Messe in unseren Alltag gehen und fähig sein, die Menschen um uns aufzurichten und mit den Dingen dieser Welt richtig umzugehen.

Literatur

Maria Caterina Jacobelli, Ostergelächter.
Sexualität und Lust im Raum des Heiligen, Regensburg 1992

Carl Gustav Jung, Das Wandlungssymbol in der Messe, in:
Gesammelte Werke 11. Bd., Zürich 1963.

Josef Andreas Jungmann, Missarum Sollemnia. Eine genetische Erklärung der römischen Messe, Freiburg 1962.

Alfons Kirchgässner, Die mächtigen Zeichen. Ursprünge,
Formen und Gesetze des Kultes, Freiburg 1959.

Kurt Koch, Leben erspüren – Glauben feiern.
Sakramente und Liturgie in unserer Zeit, Freiburg 1999.

Bernard Rootmensen, Oasen in der Wüste.
Lebensräume für den Glauben, Düsseldorf 1995.

Walter Schubart, Religion und Eros, München 1941.

Pater Anselm Grün erklärt die Sakramente.

Die Firmung – Verantwortung und Kraft
Format 16 x 21 cm, Hardcover,
60 Seiten, mit farbigen Abbildungen
DM 19,80; öS 145,00; sFr 19,80
ISBN 3-87868-149-6

„Was bringt mir das?", fragen sich viele Jugendliche, die vor der Entscheidung stehen, ob sie an der Firmung teilnehmen wollen. Anselm Grün wirft einen ungewöhnlichen Blick auf das Sakrament der Firmung. Er vergleicht die Firmung mit archaischen Initiationsriten und begreift sie als Chance, junge Menschen in die Kunst des Lebens einzuführen.

Die Trauung – Segen für das gemeinsame Leben
Format 16 x 21 cm, Hardcover,
64 Seiten, mit farbigen Abbildungen
DM 19,80; öS 145,00; sFr 19,80
ISBN 3-87868-147-X

Was geschieht bei der kirchlichen Trauung? Welche Bedeutung haben die einzelnen Rituale? Pater Anselm erklärt die Trauung. Er führt in ihr Wesen ein und gibt neue Impulse, wie das Sakrament der Ehe zum Segen für das gemeinsame Leben werden kann.

Die Taufe – Feier des Lebens
Format 16 x 21 cm, Hardcover,
64 Seiten, mit farbigen Abbildungen
DM 19,80; öS 145,00; sFr 19,80
ISBN 3-87868-146-1

Die Taufe war für die Menschen in der frühen Kirche ein beeindruckendes Ritual, das ihr ganzes Leben veränderte. Auch heute suchen viele Menschen den Zugang zu dem alten christlichen Ritual der Taufe. Pater Anselm Grün erklärt die Taufe und zeigt, wie wir heute aus der Wirklichkeit der Taufe unser Leben gestalten können.

Vier-Türme-Verlag
97359 Münsterschwarzach Abtei
Telefon 0 93 24 - 20-292
Bestell-mail: info@vier-tuerme.de

Anselm Grün
Maria-M. Robben

Gescheitert? Deine Chance!

ISBN 3-87868-169-0
Format: 13,5 x 20,5 cm,
168 Seiten, broschiert
DM 22,80; öS 167,00; sFr 22,80

„Ein Buch, das in jeder Hinsicht ‚Not-wendig' ist."
(Schweizerische Kirchenzeitung).

Vier-Türme-Verlag
97359 Münsterschwarzach Abtei
Telefon 0 93 24 - 20 - 292
Bestell-mail: info@vier-tuerme.de

Ein Lebensentwurf zerbricht. Zurück bleiben Verletzungen, Mißverständnisse und Einsamkeit. Immer mehr Menschen scheitern in ihrer Ehe oder Partnerschaft, in ihrem Beruf, im Kloster oder als Priester. Anselm Grün und Maria-Magdalena Robben zeigen in diesem Buch, daß im Scheitern auch eine Chance liegen kann. Sie machen allen Mut, die ihr „Lebenshaus" wieder aufbauen wollen.